Reina

ELIZABETH DUVAL

Reina

CABALLO DE TROYA

Papel certificado por el Forest Stewardship Council®

Edición a cargo de Luna Miguel y Antonio J. Rodríguez

Primera edición: marzo de 2020
Primera reimpresión: marzo de 2020

© 2020, Elizabeth Duval
MB Agencia Literaria, S.L.
© 2020, Penguin Random House Grupo Editorial, S.A.U.
Travessera de Gràcia, 47-49. 08021 Barcelona

Printed in Spain — Impreso en España

ISBN: 978-84-17417-18-5
Depósito legal: B-1.617-2020

Compuesto en Pleca Digital, S. L. U.
Impreso en Reinbook Serveis Gràfics, S. L.
(Sabadell, Barcelona)

CT 1 7 1 8 5

Penguin
Random House
Grupo Editorial

À Hannah, dans une langue qui n'est pas la tienne

Ce que j'ébauche ici, ce n'est surtout pas le commencement d'une esquisse d'autobiographie ou d'anamnèse, pas même un timide essai de Bildungsroman intellectuel. Plutôt que l'exposition de moi, ce serait l'exposé de ce qui aura fait obstacle, pour moi, à cette auto-exposition.[1]

JACQUES DERRIDA,
Le monolinguisme de l'autre

Un signifiant qui donne prise sur la Reine, que soumet-il à qui s'en empare?[2]

JACQUES LACAN,
Écrits I

1. «Lo que esbozo aquí no es en absoluto el principio de un bosquejo de autobiografía o de anamnesis, ni siquiera un tímido intento de Bildungsroman intelectual. Sería no tanto la exposición de mí mismo como la exposición de aquello que (me) habrá obstaculizado (en) esta auto-exposición.»

2. «¿En qué somete a quien de él se apodera un significante capaz de dominar a la Reina?»

1

Lo llaman *ennui*: paseo sola, doy vueltas por el centro, pido cafés en terrazas al borde del barrio latino. París no es París todavía, sino un recuerdo, una imagen de sí misma: el color-tejado-fachada à la Haussman se repite fuera de las postales; la anhedonia esparcida entre tantos edificios homogéneos es exacta. Pero no es mi intención escribir sobre París: una autora debe desdeñar el convertir su texto, si es que es auténtico, en un juguete para la lectora. Pongamos que en París hay calles y que es tan inútil describirlas todas como hablar de sus cualidades humanas. De entre todo lo que dijo Balzac, y Balzac lo dijo todo, yo elijo apropiarme de lo siguiente: en París cuchicheo sobre todo, me consuelo con todo, me río de todo, lo olvido todo, lo deseo todo, lo pruebo todo, lo tomo todo con pasión y lo abandono todo despreocupadamente. Dejemos de lado lo demás.

No busco convertir mi vida en literatura de viajes; menos aún transcribir un diario intimista. Al mudarme a París y empezar el primer año de Filosofía y Letras modernas entre dos universidades —la París I y la París III—, lo que pretendo es envolver absolutamente todo con la palabra, reducir todos y cada uno de los componentes de la existencia a su posición en esta dialéctica vital entre sujeto y predicado: cometido muy pretencioso y muy difícil de declamar sin trabarse. Sí, a lo mejor «vivir las cosas» se convierte en «preparar las cosas para ser narradas». Claro que me he propuesto una concepción novelesca de la vida. Como cualquier persona que se concibe con el derecho de contar algo. Esto no significa —¿no significará?— que persiga a través de Aurore la idea del amor, que suscriba palabra alguna sobre el eterno femenino; que el tren quiera decir algo más que un tren, o que quiera decir nada en absoluto; que las cosas vayan a importarme de forma distinta. Pero sí que me desdoblo.

Me instalo lejos del centro, en La Queue-en-Brie: pueblo desdeñable, nombre ridículo. A los de este sitio se les llama *caudaciens*: terrible, que el gentilicio sea lo más bello de una población. Quizás estoy siendo injusta: vengo del centro de Madrid, no estoy acostumbrada ni a los árboles ni a los bichos ni a las inmensidades verdes, huyo de los nativos y miro a todo caudaciano por encima del hombro. Sé que le voy a coger manía a este pueblo: por condenarme a escribir en trayectos de hora y media, por obligarme a vivir en la periferia y, lo más importante, por imponerme escribir otra vida distinta a la vivida.

Con los presocráticos, el signo se independiza por primera vez de la realidad. Esa abstracción es el origen del mundo y la condición de posibilidad de un nuevo vocabulario ontológico: Parménides, verdadero autor de los primeros versículos del Evangelio de Juan, reclama que el verbo se haga carne y habite entre nosotros. Pero nada de esto me interesa.

Hagamos *tabula rasa*, si te parece:

2

Solo se puede escribir en presente: «yo escribo»; incluso «yo escribía» se refiere a un tiempo presente pasado el cual aquí trascendemos, «yo escribiré» es un momento transitorio del futuro. Concepciones posibles sobre la verdad (*lantháno*, lexema en *alétheia*: verdad en griego y el verbo de aquello que escapa a ser visto, de aquello que se hace sin ser percibido; de la acción de olvidar inclusive) cuantas haya, yo escribo mi vida en presente (y no es esto lo mismo que vivirla). *Deseo* vivir mi vida en presente. Si algo no sucedió, se convierte de cualquier manera en experiencia al ser escrito. Si realmente fue vivido, también fue en concurrencia escrito: los actos y las palabras como unidad de sentido. No es París un catálogo de emociones imaginadas, ficticias, construidas, premeditadas: todo París —ayer, hoy, mañana— se escribe —se inscribe— en el presente de quien lo vive, como empiezo yo a vivirlo a principios de septiembre.

3

Reparo en la existencia de una chica alta, de pelo corto, con un fino y largo trozo de tela negra colgando como pendiente de su lóbulo izquierdo, un mínimo lunar marcando preciso el principio de la mandíbula y el final de la oreja. Reparo en su existencia en medio del salón de actos del campus de Censier y vuelvo a reparar en su existencia cuando la veo en la reunión relativa a la *double licence*. Acto seguido desaparece. Hasta después de que comiencen las clases no vuelvo ni a darme cuenta de Aurore ni a recordar que ya la había visto antes.

A la salida de Lingüística una chica vasca me cuenta que ha llegado hace nada, que se emborrachó el otro día con un rosé carísimo invitada por su tío y acabó vomitando. Se llama Josebiñe, es de Zugarramurdi y carece de formación política, pero en apenas unas semanas se compromete con una escisión trotskista del principal sindicato de extrema izquierda de París I: la ausencia de base teórica la suple con entusiasmo, y yo bromeo mucho con ella sobre lo ridículos que son en Le Poing Levé, *c'est-à-dire le NPA, c'est-à-dire le CCR*.[3] No tardan en llamarme estalinista.

3. El Nouveau Parti Anticapitaliste es un partido de extrema izquierda —en teoría— heterogéneo y difícil de definir en el cual conviven diversas corrientes: por nombrar las más relevantes, L'Étincelle —fracción internacionalista opuesta a todo proteccionismo—, la Tendance CLAIRE —profundamente trotskista, euroescéptica y en contra de alianzas electorales con otros partidos de izquierda—, y el Courant Communiste Révolutionnaire (también trotskistas, quizás algo más reformistas; en teoría a favor de alianzas con fuerzas de izquierda como el Front de Gauche y la izquierda de Mélenchon, pero con frecuencia aliados en los congresos de partido a la Tendance CLAIRE). Del Courant Communiste Révolutionnaire depende el portal de noticias Révolution

Hablo por fin con Aurore acompañándola a su bus. Como el año pasado estudió en el Atelier de Sèvres, una escuela preparatoria de artes, fardo de mi trabajo como dramaturga e intérprete en Madrid. «"Y el cuerpo se hace nombre", bueno, es una pieza interdisciplinar; hicimos un laboratorio de creación, una primera fase en una sala pequeñita por Chueca; este verano la interpretaremos en el Teatro Pavón...» No sé coquetear con métodos que no sean la admiración, la elevación de mi figura, la exaltación de lo que hago y lo que creo; colocarme siempre, en fin, por encima de aquello que deseo: nada pasa. Pasan los días y hablamos con más frecuencia, nos saludamos, tomamos juntas el café. Tres fatalidades: en primer lugar, la necesidad de conocer más y más; después, el bidón —como en el *Gorgias* de Platón, pero de gasolina— a punto de incendiarse de tanta ambigüedad; finalmente, la necesidad de convertirla en una metáfora. Escribo poemas sobre ella. Tenía que pasar. Cuando lee uno de mis poemas y hablamos del amor, no sé si sabrá que habla de ella, y tan solo finge candidez, o si ignora por completo a qué estamos jugando. Toda guerra empieza siempre como un juego.

Permanente. Y de Révolution Permanente y del Courant Communiste Révolutionnaire emana Le Poing Levé, divertidísimo «partido» estudiantil, que no sindicato de estudiantes, que reivindica no estar sometido a ningún partido y ser absolutamente independiente de todas las otras formaciones que he mencionado a la vez que cada uno de sus miembros lleva pegatinas del NPA.

4

María, mi compañera de piso, me presenta a Rania, que también estudia, como ella, la *licence simple* de Filosofía. Hablar español *casi* me pone nostálgica. «Es mucho más de mi estilo que del tuyo», dice María. Me lo tomo como un desafío y le cojo cariño a Rania. Parece encarnar el estereotipo según el cual los españoles somos mucho más cariñosos y cálidos que los franceses. Podría ser. Más probable me parece que, en un primer momento, ayude tener algo o a alguien que sientas cercano a casa para no caer en la desesperación. Tampoco es esa la razón por la que me cae tan bien Rania. No hay razón. Solo es majísima.

A la salida de ruso, un chico de origen iraní me pide fuego y busca conversación. No, no busca conversación; quiere ligar. Me invita a un café, se ofrece a acompañarme hasta Censier; yo acepto (no por interés; porque así me divierto un rato y me distraigo en las dos horas entre ruso y Molière). Me cae bien porque es culto, porque me está tirando los tejos y porque no me atrae absolutamente nada. Le enseño cosas de Lorca, la versión de Silvia Pérez Cruz del «Pequeño vals vienés», hablo de la poesía hispanoamericana del último siglo, me meto con la Pléiade para ofenderle (*je m'en fous de la Pléiade!*). Me defiendo con frialdad cuando me piropea o se acerca demasiado; ataco con tal de tomar yo las riendas. Me da su número y quedamos en repetirlo el próximo lunes e ir al cine algún día. No iremos nunca.

5

@lysduval

He comprado tres baguettes en el LIDL, he puesto el lavavajillas, he puesto la lavadora, he bebido Chablis sola y me he quedado en casa viendo Netflix y Operación Triunfo. Qué rápido se llega a los cuarenta y a ver si me hacen una serie que se llame Sex and the Cité.

Me he acabado la botella de vino —blanco, hoy un Gewürztraminer bastante barato que abrí anteayer, muy dulce, un sabor que está medio bien— y ahora llega el bovarismo. Es muy difícil desarrollar un gusto por el vino sin ser o bien burguesa o bien de clase más o menos media-alta; lo que yo hago es un microacto de micropolítica, de traición de clase: si Édouard Louis se da cuenta, leyendo a Didier Eribon, de que las lágrimas tienen una carga política, este vino del LIDL también. Hay una asociación de enología en la París I a la cual no iré jamás. Existiendo en la Rue de Faubourg Saint-Denis una terraza con el peor Merlot-vinagre a dos euros que se pueda concebir, el vino propiamente dicho es un derroche burgués. *Encore triste. This is so sad; Alexa, play Despacito.*

Nos bebemos María y yo un par de cervezas antes de coger el último tren a París, donde están Rania y sus amigos cerca de Bir Hakeim esperándonos para entrar en una *soirée* en barco a orillas del Sena. Conseguimos —a medianoche, cuando ya es gratis para nosotras: felices, bellas y estéticamente explotadas mujeres objeto— entrar todos. La fiesta tiene su aquel, pero la acumulación de borrachos y arrítmicos como manchas por todas partes le quita caché. La única solución es volverme yo también una borracha arrítmica.

La noche es aburrida. María la pasa en una esquina hablando con Marieta por el móvil. Yo lo doy todo bailando con Rania: nos gritamos la una a la otra nombres de cantaoras y taconeamos para reírnos de la patética música francesa que ponen de fondo. Descubrimos que hay una sala de ritmos latinos y reggaeton lento; nos mudamos corriendo. Cuando ella liga y empieza a liarse con un, dos, tres pavos, yo me aburro tanto que hasta hago lo mismo; junto mis caderas con otras caderas hasta que alguien me besa el cuello: su saliva es la anestesia que me prepara para la operación, pienso pues qué más da y respondo un poco —no mucho— cuando me mete la lengua. Tengo la boca seca, me aburro soberanamente y me entra sueño: digo *avec plaisir, ciao*, y subo a la proa.

Aquí es imposible fumar tranquila y sola. Cada vez que salgo me aborda un señor distinto para comerme la oreja diciendo que soy *bellísima*, que me invita a lo que sea, que si podemos quedar algún día para cenar, o ir al club que yo quiera, él me reservaría una mesa y yo no tendría que hacer nada más que pasar la noche bailando y bebiendo. Doy largas a todos siendo muy amable. Si bajo también me interpelan, pero allí da más lástima. Mientras fumo me da tiempo a pensar en el sexo de los ángeles, en *L'Être et le Néant*, en Husserl, en Merleau-Ponty y cómo se proyecta en Cézanne, en el realismo especulativo, en *Glas* de Derrida y su lectura de Hegel mezclada con una problematización de lo autobiográfico. Rania me había preguntado hoy si yo era bi o lesbiana. Dije que era bi sin creérmelo del todo. Fenomenología queer: me falta sentido de la orientación, diría Sara Ahmed.

No sé cuántas horas más permanecerá abierto el barco. Confieso: no he estado apenas con hombres a lo largo de mi vida; cuando lo he hecho, ha sido *a pesar de* que fueran hombres y no *porque* me atrajeran o por sus cualidades masculinas —¿qué son las cualidades masculinas? ¿y las nuevas masculinidades?—, y los únicos a los que he considerado genuinamente atractivos han sido aquellos que o bien ocupaban posiciones de poder o bien eran inalcanzables. No concibo la sexualidad como una cuestión cerrada. La orientación sexual es una rotonda. Creo que me he saltado la salida bisexual.

Espero media hora en Passy al primer tren junto a uno de los ligues de Rania. Ella y su amiga se van en el coche de dos chicos latinos que hemos conocido durante la *soirée*: verlas a las dos en ese coche —en cualquier coche, con cualquier grupo de hombres desconocidos— me produce un escalofrío, me tensa el cuerpo y, peor aún, no sé dónde está María; intento dejarlo para cuando tenga batería y pueda llamar a alguien: suficiente tengo ya conmigo misma como para encima temer por lo que pueda pasarles a las demás. Pero no podré evitarlo y querré, hasta con el móvil apagado, enviar un mensaje para asegurarme de que han llegado bien: es el mismo pacto desolador que se reifica cada vez que a una amiga se le pide que mande un mensaje con tal de ver si ha llegado bien, cada vez que una chica marcha sola —o acompañada—, cada vez que es de noche.

París está helada a principios de otoño: yo miro igual —con un poquito de desdén— a toda la gente que viaja en los primeros trenes del día. La ciudad está calando en mí. Encuentro a María en la estación de Champigny: respiro algo mejor mientras me fumo el último cigarrillo que me queda. No intercambiamos palabra.

6

Jueves anodino y no sé qué hacer antes de ir a clase de arte griego. Cuando me pongo a repasar en la biblioteca de Censier suena la alarma de incendios. Escribo a Aurore lamentándome de cómo la vida se ríe de mí. «Ah, por Dios. Eso ya es a-bu-sar, ma pauvre». Además de llamarme *ma pauvre* —*ma pauvre, ma pauvre*; con su voz, con esos aires de *nana bobo*, suena tan, tan bien— me dice que quizás es un mensaje del universo insinuándome que me irá mejor fuera (lo cual es exactamente lo que diría cualquier *nana bobo*, pero ella lo acompaña con un emoji guiñando el ojo y se desmarca). Se había olvidado por completo de que iba a limpiar y se ha puesto a leer. Pregunto si por placer o por obligación; cuando me dice que es por obligación, hago un irónico elogio de su responsabilidad y ella replica denigrándose por desorganizada, *ceci, cela, machin, machin*.

Retomamos la conversación algunas horas después. Me escribe en su dialecto particular —¿auroral?— del castellano: «Parezco un niño, parezco ridícula, es como si estuviera emoji de cerveza emoji de matasuegras emoji que simboliza estar borracha». Deslizándome siempre en el lamentable terreno de lo poco sutil, le digo que me encantaría escuchar más su español, poder ubicar su acento (su acento es evidente, una preciosísima mezcla: la imposibilidad de escapar del deje parisino que recae sobre absolutamente todos los parisinos en absolutamente todos los idiomas batida junto con la influencia de sus profesores latinoamericanos y su fascinación por las culturas de allí; después bordeas azúcar mediante y le pones una palmerita de bambú, porque el plástico no es ecológico). Me vosea, dice que le encanta hablar español y me da las buenas noches llamándome «señora astral». Qué insolente, qué Leo. Replico fingiendo indignación: ¿primero me voseas y luego me llamas «señora»? No sé si se hace la tonta: «Ah, ¿señora es una palabra un tanto fuerte?» Alarga mucho la *m* antes de la *p* en la palabra *completamente* y repite tres veces el verbo *estar* en primera persona del presente del singular del indicativo antes de anunciar que está «completamente *désolée*» y que no quería decir eso. Le digo que tendré que perdonárselo, pero tan solo por tratarse de ella. Viene aquí el *coup de foudre*: «Entonces podré dormir tranquila, si tú me has perdonado». Me tiene en la palma de la mano; sigo su juego y me tropiezo: la llamo *animal-fleur*, como Godard a Anne Wiazemsky cuando le decía que era una chica de una especie rarísima, que «nunca había visto a una chica como ella, porque era un animal-fleur y jamás se había encontrado con un animal-fleur». «Impón tus expectativas y fantasías sobre mí a través de tu arte para que sepa que esto es de verdad», que rezaba una foto de los dos, cuenta de Instagram *@textsfromyourexistentialist*. Me responde que le encanta esa palabra y yo, consciente ya de que ella no es consciente de

lo que acaba de decir, caigo enamorada alargando mucho la *m*
antes de la *p* en la palabra *completamente*.

Dulces sueños.

7

Me esfuerzo en la mentira de escribir París en presente, pero
esta ciudad es un pretérito perpetuo simple. ¿Como Madrid?
No, son dos nostalgias bien distintas. Madrid se escribe en pasado porque es incapaz de acordarse de sí misma, porque olvida, porque se olvida, porque se construye en la desmemoria y
la amnesia. París se escribe en presente porque intenta siempre
alcanzar un antiguo ideal, tan lejos de lo que realmente es o
pudo llegar a ser en ningún momento; se construye como una
ciudad en lucha consigo misma, con su posibilidad, con su
pasado imaginario. *Mais ici, la vanité résume toutes les passions.*

8

No puedo decir todavía que vaya mucho al cine. En una sala
pequeña en Saint-Germain-des-Prés, dedicada casi exclusivamente a cine de culto e internacional, ponen *Quién te cantará*
de Carlos Vermut. A Aurore también le habría gustado verla.
¿Quedará alguien en la sala, en la penumbra que envuelve el
final de la proyección? La idea me desagrada, igual que me
desagradaría que alguien tuviera entre manos el mismo libro

que yo leyera. La relación que se construye —que *yo* construyo— con el arte es como la definición histórica, occidental,
burguesa y excluyente del amor: es un *affaire à deux*, una devo-
ción entre dos partes, una consagración plena al otro. No
habría llorado con *El tratamiento* en el Teatro Pavón si hubiera ido acompañada. La eternidad contemplando el mar, la
proyección, la imagen en movimiento, como si la enorme pantalla del cine y yo no fuéramos más que una recreación posestructuralista del más bello cuadro de Friedrich, no
se manifestaría en compañía. En el camino de vuelta me
planteo sentarme en cualquier terraza para beber sola una
copa de 25 cl de Chardonnay; la lluvia en crescendo me saca
la idea de la cabeza.

Pienso en Aurore (a cuyo piso estoy citada mañana a las
cuatro). Últimamente pienso mucho en Aurore.

9

Remontémonos a unos cuantos días antes de citarme con
Aurore: recibo una llamada el lunes. Primero habla conmigo
un amigo, presidente de una asociación de cierta importancia
en el mundo LGTB: dice que mi nombre está en las quinielas
como posible para una superproducción, un serial español de
proyección internacional, *bla-bla*. Le mandará mi número a la
otra parte interesada; yo sigo sin enterarme del todo de lo que
está sucediendo. Valido mi abono en el bus y me siento a esperar la segunda llamada.

Me bajo en medio del trayecto nada más sonar mi móvil. Rue du Monument, descampado, bellas vistas a la noche. El interesado me explica para qué serie es, habla del alcance, de la tremendísima oportunidad, del interés que tienen por mí; se trata de un papel protagonista en la segunda temporada; si quiero, tendré que hacer una separata, me pasará él el guion y estará ahí estos días para cualquier cosa, cualquier puntualización sobre el personaje o detalle que requiera; el personaje está concebido como una chica cañera, me dice, con un estilo entre *raxet* y Rosalía —«Pero cómo Rosalía si yo soy una chavala de Alcalá»—, justo hemos entrado en temporada Escorpio. Le digo a todo que sí, claro. Tengo hasta el próximo lunes.

Llego a casa y, de casualidad, recibo una llamada de mis amigos de Madrid. Lo comento con mi gente. Alucinan. Saltan las alarmas. No coincide lo que yo quiero con lo que la gente a mi alrededor considera que debería querer o lo que ellos querrían para mí. Gabinete de crisis. La absoluta indiferencia de María me devuelve a la realidad. Yo me paseo, nerviosa, del salón a la salida y de la salida al salón. Fumo lo que me queda de tabaco en un lapso muy corto de tiempo hasta darme cuenta de que el estanco lleva un rato cerrado: me arrepiento inmediatamente de haber fumado tanto.

Pienso en el dinero. ¡El dinero! ¿Qué más daría poner en pausa mi plan de vida si después, si después, *si después*? Esa llave abre todas las puertas. Un retraso vital con tal de conseguir una cantidad a la cual en condiciones normales no podré aspirar nunca —dime tú qué cuenta bancaria aspiro a tener si el trabajo más estable y seguro que preveo es el de doctoranda, hay que joderse: hasta eso me parece encarnar lo *transclasse* de Chantal Jacquet, «conocer la lucha de clases porque también está en el interior de uno mismo»— no parece un retraso en vano. Una traición a todos mis principios no es tanta: depende de cuántos fajos estén sobre la mesa («Primero está la comida, después la moral», Brecht dixit). O en la cuenta del banco. Una traición a todo credo artístico. Una imagen comercial. Ser una influencer. Que te pongan un millón de corazones en los comentarios de Instagram. Que te ofrezcan farla en reservados. O salir en las revistas del corazón. Tener más portadas, más reportajes, más entrevistas. Convertir mi vida en un producto de consumo. Ofrecer mi vida como producto de consumo. No suena tan raro: he hecho durante mucho tiempo una versión *underground* y activista de eso. Has recibido una transferencia de Netflix. O un cheque. No creo que Netflix pague en negro. La droga se paga en negro o por Bizum; las series, no. No tener que volver a depender de nadie nunca más.

No tener que volver a depender de nadie nunca más.

Caigo en lo difícil que me sería volver a Madrid, parar los estudios y romper con mi nueva rutina. Se lo cuento a algunos compañeros de clase, se lo cuento a Aurore; aprovecho que estoy en Francia y no en España para consultar a *todo el mundo* sobre ello; por más que la serie tenga proyección internacional, *no es lo mismo* esta confidencialidad que aquella. Aurore está fascinada con las dimensiones del asunto. Pienso en lo que un día me enseñó estar con Cecilia: para medir la auténtica profundidad del deseo hay que ver a qué sacrificios se accedería tan solo por *salvaguardarlo*. A qué podrías renunciar. Por Cecilia estuve dispuesta a sacrificar cualquier cosa. No ahora, no en este momento.

El jueves le pido a Aurore que me ayude a grabar las separatas. Me dice que sí y quedamos el sábado en su piso. El viernes voy a ver *Quién te cantará*.

Mis ganas de aceptar el proyecto caen en picado. Pero la grabación es una cuestión de orgullo.

Como siempre, tiene que ser una cuestión de orgullo.

10

Me acostumbré, muy joven, a que mis palabras se construyeran en oposición a lo que decía. Aprendí pronto cómo reacciona la masa a las entrevistas. Mi primera vez en El Intermedio, con tan solo catorce años, fue censurada: el programa recibió, tras su emisión, una llamada amenazando con acciones legales y retiró inmediatamente el fragmento de su página web. Yo había dicho que, en una cita en la Unidad de Identidad de Género del Hospital Ramón y Cajal —por aquel entonces todavía conocida como la UTIG, o Unidad de Trastorno de Identidad de Género—, la socióloga que trabajaba como gestora de pacientes cordialmente me comunicó que, si en algún momento me arrepentía de mi precipitada decisión —léase entre líneas: *capricho*— de emprender el glorioso y apolíneo camino de lo trans, la única salida que tendría sería tirarme de un puente (y llegó, magnánima, hasta a ejemplificar: «como el puente Matilla en el Paseo de la Castellana, aquí, al lado»). La misma frase censurada era, por supuesto, el titular de la entrevista (que sigue colgada en YouTube).

Toda una trayectoria, de ahí en adelante, de construirme más como portavoz de un colectivo que como persona. Entrevistas en distintos medios hablando de mi experiencia personal y de mi visión del colectivo. Una portada de *Tentaciones* a los dieciséis, compartiendo dicho honor con las portadas del mismo año de C. Tangana o Lana del Rey. Yo no tenía interés, evidentemente, como persona autónoma: yo tenía interés porque servía como un ejemplo relativamente acorde a los cánones de belleza y clase de lo trans. Era una versión *cómoda* de lo que ser trans significaba. Me aproveché de ello. Brotaron muchas oportunidades. Y, después, me desinteresé rápidamente. ¿Qué podía yo ganar siendo un cliché? ¿Qué quedaba para mí si me convertía en «el personaje público trans de una cierta relevancia perteneciente a una generación particular»?

Qué quedaba, en definitiva, de mí misma en aquello; en la atención que me prestaran los medios, la gente, ciertos intereses. París es, también, una forma de alejarme de esta existencia como figura pública. No he tenido todavía ninguna conversación aquí en la que salga del armario y espero no tenerla. No he tenido que vivir *como una persona trans*, y no he tenido que vivir como tal por todos los privilegios que ostento. No siento la necesidad de contarme a mí misma o de producir una narrativa en la cual ser trans ocupe un lugar central.

La llamada me recuerda, sin embargo, que no podré del todo escapar del interés que existe desde fuera en el hecho de que yo sea trans. Supongo que parte de mi rechazo viene de ahí. Yo, como decisión individual, privilegiada e individualista, anuncio lo siguiente: procuro olvidarme, muchas gracias.

11

Aurore vive en un séptimo sin escalera en el *quinzième*. Abre la puerta, despeinada, vestida con una enorme camisa blanca a modo de bata. Nos damos dos besos y yo bromeo sobre su *chambre de bonne*. Sonríe, sonrío, me acerco, me bambaleo entre sus muebles, susurro. Examino sus estanterías llenas de libros, escucho atentamente la música jazz que reproduce Spotify, miro el horario que cuelga frente a su mesita de estudio. Me enseña las mil y una cosas que hizo en su *prépa* de artes y que están desperdigadas por un cuarto que hace las veces de taller, baño y cocina. Hay esculturas con distintos materiales, hay gafas con varillas, hay obras demasiado abstractas como para entenderlas con o sin explicación. Me ofrece un café y me lo sirve en una taza pequeñita: negro, sin azúcar. Me enseña su colección de posavasos. «Espero que no te importe la marca de pintalabios que he dejado en la taza». Me asegura que no le importa y, mientras juego a burlarme de ella —«y aquí tengo un montón de libros, pero es por el postureo, porque no sé leer... no sé qué dice aquí, ni qué autor es este», digo apuntando a un *bouquin* cualquiera de Camus—, pareciera que nos hemos olvidado por completo de para qué he venido yo, y que mi cometido se redujera a besarla.

Nos ponemos a grabar. Aurore me da la réplica. Hacemos mil y una versiones de cada una de las tomas. Algunas tenemos que interrumpirlas porque ella se ríe, yo me río, sonreímos, indico los dejes franceses que le salen. Pareciera —cuando mi personaje le habla al suyo— que soy yo quien habla, que soy yo quien en secreto desea, que soy *yo* quien seduce. El espacio entre nosotras va empequeñeciéndose a cada interacción, pero nunca llega a disiparse.

Acabamos. Miramos los vídeos. Elogia mi interpretación (dice que tengo un talento innato, una naturalidad, una forma muy real de expresar las cosas). Nos deshacemos en halagos: «Difícilmente podría haber encontrado a alguien mejor para darme la réplica». Nos preparamos para salir (la gente de clase está tomando algo en un bar no muy lejos). Me pregunta qué pintalabios ponerse; sugiere un color, le digo que nunca se lo he visto, me dice que miento porque lo ha llevado algunos días a clase. Disfruto insinuando que no me he fijado en ella; en definitiva, disfruto actuando.

Es divertido llegar las dos juntas al bar. Es, de hecho, lo más divertido de lo que queda de día: la velada es la peor *soirée* de la historia y acabamos yéndonos —por separado, a mi pesar— bastante rápido. Apenas dos días después quedamos para ir a tomar algo las dos solas. Pierdo de vista tanto el papel en la serie como los hipotéticos sueldos en mi cuenta bancaria; pierdo de vista *que me pague Netflix*, hacer promoción, ruedas de prensa, salir en periódicos y en vídeos de BuzzFeed y acabar en las mismas fiestas que todas las camadas de los últimos años de Operación Triunfo. Mi vida ve su centro gravitacional modificado y empieza a girar en torno a ese día: en torno a la idea y el concepto de volver a verla.

12

Tamara —a quien yo conozco desde hace tres años y María conoce desde que eran niñas— viene de Madrid a visitarnos. No podría pasar demasiado tiempo a su lado sin nadie que aliviara la tensión. Chocamos. No es que tengamos mucho en común. No es que funcionemos demasiado bien juntas. No hay tanta química. Todo esto, no obstante, lo llevamos con levedad: hasta nos caemos bien.

Nos dice —nos martiriza diciéndonos— que ha traído una sorpresa, que no puede enseñárnosla, que tendremos que esperar hasta el sábado; que el sábado noche será nuestra. Teorizamos, primero, que se trata de comida; después, de droga. La opción más probable es que Tamara haya conseguido pasar, Dios sabe cómo, algún psicoactivo y planee dárnoslo el sábado. Seguimos pensando lo mismo mientras comemos arroz frío en un andén del metro, para ahorrar tiempo y resguardarnos de la lluvia entre visita ociosa a cementerio y visita ociosa a cementerio: «Tamara nos ha traído droga».

Pues no estaría tan mal.

13

Espero a Aurore en la fuente de la plaza Saint Michel encadenando cigarrillos. Los parisinos se arremolinan ante un dueto de músicos callejeros que tocan bachata. Aurore me manda un mensaje —no hemos hablado desde ayer; siempre que quedo con alguien asumo que respetará las cláusulas de la cita—: se retrasará diez minutos por culpa del metro.

Llega en una preciosa camisa negra —todos los botones cerrados: hace frío—, maquillada, sonriente. Nos damos dos besos y caminamos. Le digo que es ella quien tiene la responsabilidad de elegir sitio, cualquier terraza, cualquier bar; seguro habrá alguna por aquí cerca, me dice, y después bromea insinuando que mi conocimiento de la zona se limita a las inmediaciones de la rue de la Huchette. Vamos a Odéon. Llegamos a la terraza de un bar y, por no quedar asientos libres uno al lado del otro, o sofás, elegimos el enfrentamiento de una mesa. Pedimos cerveza mientras ella saca una boquilla y fuma más cigarrillos seguidos de los que nunca la he visto fumar. Serán los —en una situación ideal, *sus*— nervios.

Narramos la historia de amor de nuestras vidas. La de Aurore es breve: algunas experiencias con hombres, un fracaso absoluto con su mejor amigo cuando su relación se transformó en una suerte de amor que ella jamás pudo corresponder; una experiencia intensa e irrepetible con una chica en Italia, *como un amor que llega en forma de ola*, que se abalanza violento sobre todo el cuerpo, que agita y remueve y destartala cada recoveco posible. «Habría sido la primera vez que me decepcionases, si me hubieras dicho que eres heterosexual», hablamos, y nos reímos, y yo hablo de Milena, la chica alemana; y de Laura —«Tendría tanto que contarte sobre Laura, creo que es la historia más bonita de amor que tengo, creo también que es la historia de amor más triste que guardo»—, y de Cecilia, y de la mala suerte que he tenido, y de cómo siempre me enamoro de personas complejas o de personas que conceptualizo como más complejas de lo que son para después decepcionarme. Es raro que empezar una cita haciendo historia y ontología del amor no se haga pesado.

Saco de mi bolsa de tela la libreta donde escribo; leo —mirando sus ojos, declamando casi en un susurro, resistiendo la tentación de acercar mis manos a las suyas— más poemas que he escrito para ella. Después de la primera cerveza, me pido un cóctel —*Give me a kiss*— en el cual viene apuntado el número de teléfono del camarero. Media hora más tarde tiro sin querer la copa y nos reímos, nos encendemos otro cigarrillo, se ponen más rígidas nuestras espaldas, se tensan las articulaciones. Hace un poco más de frío.

Hablamos de feminismo, de ambientes feministas, de las diferencias entre Francia y España, de La Mutinerie, de las casas okupas que hay por Madrid. Después de esos temas volvemos a hablar de ella, y de mí, y sigue nerviosa. «Ya sabes demasiado sobre mí. ¿Por qué querer saber tanto?»

Corrección: la palabra para describir aquí a Aurore no sería *nerviosa*, sino *asustada*. Bueno. Me río y me pregunta por qué río. Bebo y tomo una calada antes de continuar. ¿Sabes la clase de Filosofía antigua? ¿Y qué tiene que ver?, responde. El título de la clase, *El deseo de saber en Aristóteles*. Digamos que no es... no es anodino, que *deseo* y *saber* vayan juntos, vayan de la mano. Pongámoslo así.

Me mira y bebe. Lo entiende. Pero afirmar tal cosa la llevaría a unas conclusiones que duda si enunciar ahora, *qu'elle hésite à énoncer maintenant*. Me aparto las gafas y ella es incapaz de sostener la mirada. *Quoi, quoi, quoi?* Habla más rápido que antes, pero diciendo mucho menos: su voz ha dejado de ser tan suave. Disfruto poniéndola un poco más nerviosa a cada minuto hasta que es hora de irnos. Analizo los hechos en mi cabeza, analizo sus ojos marrones, ahora negros. Nos levantamos y ella, antes de nada, se pone los guantes (como cada vez que coge el metro). Se sujeta en el vagón con guantes del mismo color que sus ojos.

En Odéon nos despedimos rápido y nos damos dos besos mientras yo resisto la tentación de sus labios; resisto la tentación porque sé que no es el momento, no *ahora*, pero dudando sobre si es todavía pronto o tarde en exceso.

En los cincuenta minutos que tardo en llegar a casa me parece que hay algo bonito, casi entrañable, en esperar un bus bajo la lluvia y el frío a la salida de Champigny, en el olor asfixiante de la condición humana que se percibe en la línea suburbana más transitada del mundo.

14

«Canta, lastimada mía / aunque es tarde, es noche, / y tú no puedes. / Canta como si no pasara nada. / Nada pasa.» Me acuerdo de *Los argonautas*,[4] de Maggie Nelson. No sé si por el tono —*insiste* en ser impactante— o por qué otro factor, pero ese libro no consiguió *tocarme*: nada me pasó. Pero a él vuelvo, pienso con las mismas metáforas, edifico a partir de las mismas alegorías. Hay una cierta construcción narrativa de la vida que está presente ahí y que yo repito. Porque somos todo lo que absorbemos, hasta aquello que no llega a fascinarnos. Y porque describía concepciones sobre el amor muy interesantes, y quizá porque podía, aunque no llegara a *palpar* el sentimiento, *entender* a la voz narrativa. A pesar del peso que tiene la filosofía continental —la francesa del siglo pasado, el posestructuralismo— en ese libro, le faltan cosas. Vayamos a referencias hispánicas.

No es que yo *exist[a] porque tú me imagin[es]*, sino, precisamente, que yo te escribo porque tú me imaginas, porque tú existes como el Otro. Es un retorno a la concepción de Platón de la *mania*: más allá de la enfermedad, más allá de la inspiración divina. En la escritura —*en un cierto tipo de escritura*—, la Musa y el Otro se funden en un mismo concepto. Por eso con tanta facilidad me enamoro.

Es complicado enamorarse tanto.

---

4. Memoria ensayística publicada en 2015, entrelazando confesiones y *french theory*, en la cual Maggie Nelson reflexiona sobre el lenguaje y narra su historia de amor con un artista trans.

@pabloparra: Oye está Tamara allí en París no?

@lysduval: Síííí, están María y ella hoy de turismo, a ver la torre Eiffel y Notre-Dame; yo me he quedado en casa para hacer algunas cosas que tengo pendientes y porque esta noche saldré, seguramente

@lysduval: Llegó anteayer

@pabloparra: Joder, qué envidia. Y no sales con ellas?

@lysduval: Hoy no porque tengo quereseres; el miércoles sí

@lysduval: Y el martes no salí porque había quedado por la noche con Aurore. Soy una mujer ocupada

@pabloparra: Jajajaja, bueno. Mi plan de hoy es ir a un funeral, así que no te quejes.

@lysduval: esta conversación me está dando mucha NOSTALGIA y ahora echo de menos estar en tu casa tomando café y fumando cigarrillos

@pabloparra: Ven a mi casa a fumar cigarrillos y beber clementina

@lysduval: Me cuelo en el avión de vuelta con Tamara

@lysduval: Tkm tkm tkm c'est dur pero bueno nos veremos en algo más de un mes

@lysduval: Tendré muchas cosas que contarte mientras bebemos litros y litros de clementina no pasa nada

@pabloparra: Deberíamos hacer más Skype. Vamos hablando y, si no esta noche, mañana. A qué hora estás en casa?

@lysduval: Al final se me ha cancelado el plan de hoy así que i'm free

@pabloparra: Pues como a las 12 que llegue y cene te digo

Todo el día sola, tumbada por los rincones, leyendo a Choderlos de Laclos, bebiendo vino sola, fumando cigarrillos sola, esperando. Tamara y María llegan sobre las nueve. Tamara se alegra de que esté en casa. «Preparad el portátil». Tiene que ver con las estrellas; a las doce de la noche salimos a ver las estrellas.

Pero si está nublado de la hostia. No vas a ver una mierda estrellas.

Cállate, Elizabeth.

A las doce de la noche salta la solicitud de una videollamada. Es Pablo y está oscuro, están en la calle, está Marieta. Grito todo lo gritable cuando me doy cuenta de lo que quería decir Tamara; salgo corriendo, salto a abrazar a Pablo y me quedo en ese abrazo todo el tiempo posible, todo. Cuando María suelta a Marieta, la abrazo yo y sigo gritando. Lo han improvisado entre los dos, ha sido casualidad, han venido juntos en el avión. En este momento soy inmensamente feliz.

Nos bebemos dos botellas de vino, cocinamos pasta, ordenamos nuestros cuartos para que estén un poco más habitables, abrimos otra botella de ginebra, brindamos, bailamos, celebramos que estamos juntos y ponemos de fondo el álbum de Rosalía que justo ha salido hoy; nos acostamos a altas horas de la madrugada. Duermen María, Tamara y Marieta en mi cama y yo duermo en la cama de María con Pablo. Nos levantamos los primeros. Preparo café mientras Pablo barre la cocina y el resto se duchan. Compartimos una primera mañana de café y cigarrillos y me faltan minutos para decirle cuánto he echado de menos todo esto.

16

Mi relación con Pablo se estrechó un verano: yo empezaba a salir con Milena; él, con Marieta; sus padres me habían contratado para ser su profesora particular. Incontables las tardes en su casa tomando café, mimando a su perra y fumando bajo el apostado pretexto de avanzar temario. Yo devine confidente de sus penas y él de las mías, y nos quisimos tanto como se pueden querer dos adolescentes. Pablo era vago, niño, ingenuo; carecía de cualquier tipo de disciplina y no soportaba tener que escucharme en clase, se ponía a otra cosa, me pedía mil pausas para piti, golpeaba rítmicamente el boli en la mesa. Siempre me enseñaba las canciones y melodías que iba sacando, las letras que se le ocurrían; los dos fantaseábamos con un futuro lejano e imaginario de éxitos en nuestros respectivos campos. Mi favorita es la canción que compuso a partir de un poema de su abuelo y que cobró por fin sentido cuando se la cantó a su hermana, despidiéndose de ella —partía a Perú de voluntariado— aquel mes de julio. Creo que su hermana sigue allí y creo que no tiene planes de volver.

Dame una palabra amable que me deje más hambriento
de querer que me des algo
de lo que tú tienes ahí dentro.

No te canses nunca de darme lo que deseo,
que si dentro de mí hay algo,
te aseguro que es tan tuyo como lo es tu mismo cuerpo.

Las alturas siderales son propicias al encuentro:
dale un pellizco a la luna,
dame un amor,
dame un beso.

Y cuando luego ya te canses de dar cosas, dame luego
hasta tu mismo cansancio,
que tu cansancio es mi premio.

Quién pudiera tener alas para remontar el vuelo
y desde las mismas nubes
hacerte un guiño burlesco.

Y decirte «sube arriba, que aquí los dos en silencio
vamos a abrazar al mundo
en un abrazo casi eterno».

BIENVENIDO PARRA

Salimos los dos solos una vez, una noche. Bebimos algunos chupitos de más y acabamos besándonos, primero en una

plaza a oscuras, después en un banco bajando la Gran Vía. No era la primera vez que pasaba. A la mañana siguiente estuvimos dos horas abrazados en su cama. No volvimos a hablar del tema, porque no era necesario; porque para querernos no nos hacía falta querernos así.

17

¡Son dos!, grito yo.

Cómetela tú, le dice Marieta a Pablo.

Pablo da de comer un puñado de patatas fritas a las gaviotas que se posan en los muelles a orillas del Sena. Es exactamente el mismo sitio donde, dos años antes, comíamos y dábamos de comer a las gaviotas.

¡Le falta una pata!, apunta Marieta.

Recorremos durante horas el Musée d'Orsay pensando, también, en hace unos años. Nos hacemos fotos los unos a los otros como si fuéramos los mismos turistas emocionados que de adolescentes. Llevo a Pablo hasta un cuadro concreto en la exposición temporal de Picasso, un cuadro concreto de su época rosa, llevo a Pablo hasta el retrato de Fernande Olivier que sé que le encanta y que tanto le recuerda a ella. Hablo con Marieta de cuando fuimos las dos juntas a ver los nenúfares de Monet, y la exposición de arte ruso de finales del siglo xx en el Pompidou; y ya entonces nos queríamos, pero no con la locura con la que se quiere después de la distancia. Nos abrazamos. Esta misma noche me caso con Marieta bajo el testigo de una bandera preconstitucional —traída por Tamara como regalo posirónico—, con la *Crítica de la razón pura* como Biblia, María trayendo las amarras y Pablo oficiando la boda.

18

Preparamos a las dos de la mañana una cantidad malsana de tarta de galletas y chocolate. Se nos derrama un montón de leche —confesaré que no estamos en nuestro mejor momento en lo psicomotriz— y tenemos que ponernos a limpiar. Mezclar el chocolate con la leche, la mantequilla y el azúcar se convierte en algo tan sensorialmente satisfactorio como los vídeos de ASMR en Instagram en los que alguien corta en cuadraditos muy pequeños pastillas de jabón o alea pastas de distintos colores. Pasan algunos minutos y Tamara nos dice que se ha emparanoiado, que va a tumbarse un rato y que la despertemos después. Nos quedamos en la mesa María, Marieta, Pablo y yo; bebiendo ron, fumando más, poniéndonos al día. Tamara duerme plácidamente.

Hago como que me enfado con Pablo porque echo mucho de menos enfadarme con Pablo. Decidimos que lo mejor, para acabar con la riña, es una sesión de terapia familiar. Tardamos en arrancar, pero al final nos decimos lo que teníamos que decirnos: que Pablo es miope, casi ciego a las distancias largas, porque tan solo piensa en lo más próximo a lo inmediato, porque se equivoca, porque va de error en error con levedad y alevosía pero es tan bueno y su corazón es tan dorado y, cuando quiere, se entrega sin mesura, por completo, a las personas a las que quiere; que Marieta, tan encerrada a veces, tan lejana, tan apartada, tan *repli sur soi* y tan obcecada en su solipsismo es también la sensación de estar siempre donde se quiere o debe estar, y nadie más puede procurar dicha sensación, y nadie más; que María debería quererse, debería valorarse, porque es maravillosa más allá de su sacrificio por los otros, más allá de tantas cargas, porque detrás de la indiferencia hay una ternura infinita, que no se encierre, que no se encierre; que yo, «detrás de la fachada narcisista, detrás de la megalomanía y del egocentrismo y de todos mis defectos y pecados capitales, también puedo querer y quiero y quiero apasionada y profundamente a aquellos a quienes quiero»; y porque nos decimos todo esto, porque nos queremos, por ser hogar, lloramos.

Ya ha anochecido al día siguiente cuando salimos a París.

19

Recorremos las calles de Montmartre y nos sentamos para ver cómo van turnándose los músicos de las escaleras. La escena podría darse en cualquier otra parte, pero nos quedamos a verlo porque ahora somos nosotros —juntos— quienes estamos contemplándolo. Nos fijamos en un bar con una estelada y en el grafiti de una flor de trazos difusos y pistilo rojo. Bajamos a Pigalle y María y Marieta se emocionan, saltan como niñas, miran el Moulin Rouge y sonríen avergonzadas por parecer así de jóvenes mientras esperan a que nosotros les hagamos una foto. Después de un rato se cansan y Tamara tiene que ir al baño. «Id yendo, y así Pablo y yo compramos alcohol para esta noche y algo de comer.» A todo el mundo le parece buena idea y nos separamos. Pablo se recuesta en la pared cuando llegamos al Boulevard de Clichy. Le ofrezco un Lucky y me enciendo otro. Da una calada larga.

¿Te acuerdas de cuando estábamos en el Musée d'Orsay, viendo la exposición de Picasso, y yo te dije cuál era mi cuadro favorito, y viniste a buscarme para llevarme hasta él? Y te dije que lo tenía en mi cuarto, en un marco muy pequeño. Detrás del cuadro sigue estando la postal de Marieta.

Sigues colado.

Bueno.

Aprovecha. Aprovecha al máximo estos días. Y deja que suceda. Sé que no es el momento, que os iréis en nada, que es volver a tener algo con ella que no sabes ni cómo será ni cuánto os puede durar, que ya fue todo lo bastante mal cuando estuvisteis juntos, que perfectamente podrían las cosas irse a la mierda por las mismas razones. Que ahora estás y estáis bien. Que no quieres volver a perderla, vaya, y que volver a perderla es lo más probable.

Ni siquiera sé si es por eso. Si es algo serio. Si podría serlo. Si todo seguirá igual una vez volvamos.

Haz lo que quieras hacer. En la vida las cosas no pasan por algo. No lo creo. Detesto justificar *a priori* los eventos o imponer obediencia a narrativas. No es cuestión de causa y efecto. Y tú nunca has dejado de quererla. Suficientes oportunidades he tirado yo a la basura por pensarlo demasiado, porque quizá no era el momento, no iba acompasada, porque pensaba, porque pensaba. Las sabes todas. Hazlo. O te arrepentirás siempre de lo que pudo ser y no fue.

Nunca llegó a escuchar la canción que compuse para ella. Era muy bonita. A lo mejor te toca componer otra.

Se ríe. «No estaría tan mal.»

20

Por la mañana pasamos por Les Halles para hacernos un tatuaje. La idea era el dibujo de un molino. Me quejé mil veces. «Es genérico. Cualquiera podría llevar un molino. Entiendo el significado, lo que representa, pero yo no me tatúo un molino ni drogada.»

Marieta y yo damos con la idea final: el contorno del torso de la mujer que baila en un *affiche* de Toulouse-Lautrec para el Moulin Rouge. Todos contentos. Pablo se lo tatúa en el abdomen, Marieta en el antebrazo como Tamara, María y yo en las costillas.

«Lo malo de hacerte un tatuaje con gente a la que quieres tanto —escribo yo días después como pie a una foto en Instagram en la que salgo con Marieta—, es que cada vez que lo ves recuerdas la distancia y echas un poco (o mucho) de menos a esa(s) persona(s).»

21

Pablo tiene que coger un bus desde Tolbiac para ir hasta Orly; simultáneamente tengo yo clase en Censier. Salgo corriendo de Lingüística, me meto en el metro, espero, salgo del metro, corro, llego jadeando tres minutos antes que el bus. Nos abrazamos. Me acuerdo de la última vez que me despedí de él y de las palabras con las cuales describí esa despedida: su temblor al abrazarme en el aeropuerto, cómo temblaban ya no sus manos sino su cuerpo entero; la sensación de dicho temblor clavada e inscrita en mi piel.

Como un tatuaje.

María se va a clase y yo me quedo tomando mojitos con Marieta en Le Marais. Hablamos de cuánto ha cambiado todo. Nos ponemos al día. También nos empezamos a echar de menos antes de despedirnos.

No asumimos hasta el último momento que Marieta se va a tener que ir. La acompañamos hasta Les Halles, donde se esfuma con el RER B. Tardamos más o menos dos semanas en restablecer nuestra rutina y limpiar los escombros que ha dejado el huracán.

@lysduval

En una noche oscura, con ansias, en amores inflada, he pillado un resfriado, me han salido bolitas de estrés en el cuello, se me han acabado los cartones de tabaco y tengo que volver a mi rutina medio zombi. ¡Oh, dichosa ventura!

Adjudicamos al maniquí de nuestro salón —que ya hemos vestido con la bandera franquista a modo de pareo— la potestad sobre nuestro sino: cada día que a María algo le va mal y yo no he salido todavía de casa, recibo un mensaje preguntándome si el dichoso maniquí está torcido. Suele estarlo. Hay algo reconfortante en entregarle nuestro libre albedrío a un muñeco nacional-católico: no nos hemos leído el *Anti-Edipo*, pero somos conscientes de que deseamos lo mismo que nos domina y explota. Una foto de María besándolo se convierte en la nueva imagen de nuestro grupo de WhatsApp. Según la descripción, «aquí rendimos culto al maniquí facha».

22

Arquitectura, grandes narrativas, descripción de lo contemporáneo. Théo cree que es muy difícil encontrar belleza en la tecnología (*tecnología* en un sentido concreto, particular, *especializado* como todo bajo el capitalismo posfordiano; refiriéndose a los móviles y las aplicaciones y las bases de datos y la nube y los discos duros). Apolline y Blanche no están de acuerdo y discutimos en el patio de Censier. Nos preguntamos qué se puede escribir sobre nuestro tiempo; qué retendrá el futuro de aquello que hoy se escriba.

«El siglo xx ha agotado las posibilidades de renovación formal: estamos condenados al estancamiento.» Es imposible describir la belleza de nuestra facultad sin recurrir a la metáfora, dice Théo, y la metáfora es un tropo demasiado fácil. ¿Cómo hablar del hormigón? ¿Y del ruido de los trenes? ¿Cómo *mostrar* la escena de mucha gente, en un mismo sitio, mirando su móvil? ¿Y no sería eso ya de por sí la repetición —con otras cosas, con otros objetos— de situaciones que se han narrado mejor, que han *sido* mejores, que han sido más bellas? Apolline dice que llegará algo nuevo que no vamos a poder ver venir ni clasificar, porque así funciona la historia de la literatura. Como aquel viejo dogma del marxismo más estructuralista: «esperar a las condiciones materiales necesarias para la revolución»; más bien tendremos nosotros que provocar su advenimiento, murmuro. Théo tiene menos fe que yo, pero sonríe cuando lo digo. Comparto un cigarrillo con él y vamos a comprar comida al Franprix de enfrente.

Está decepcionado con el nivel de la conversación. Hizo un año de *prépa* en Montpellier. Zoé también; Zoé es su ex, hace poco cortaron. No le doy el pésame porque sigue sonriendo.

No he intercambiado palabra con Aurore durante las vacaciones de otoño. Apenas tres mensajes desde que nos tomamos algo en Odéon, pero al vernos se instala la normalidad. Nos saludamos en clase, hablamos de cosas banales, me apoyo en su mesa, me inclino hacia ella, sonrío igual de sugerente y en voz baja interpreto ciertas modulaciones de tono. Dura poco. Ahora han pasado apenas tres días desde que ha dejado de dirigirme la palabra. Quizás exagero, sobreactúo. Un martes no tengo con quién hablar ni a quién dirigirme en el largo hueco entre la clase sobre *Les liaisons dangereuses* y Metodología —no está Théo, ni Josebiñe, ni Apolline, ni Blanche——; voy a la cafetería y me instalo con Aurore y su grupo. Aurore consigue con éxito no decirme una palabra y no dirigirme ni una mirada durante una hora, incluso cuando tan solo quedamos ella, yo y una cualquiera de clase. Me levanto y me excuso diciendo que salgo a fumar. Sin mirarme, suelta —lanza, escupe, dispara— un *salut*. Paseo sin rumbo. Repito en mi cabeza. *Salut, salut, salut, salut, salut.*

Salut deja de ser una palabra.

Hablo con Théo sobre Aurore y la situación. Le cuento la historia. Le leo nuestras conversaciones por Instagram. Hay un *souterrain*, dice. Hablamos de su concepto de las relaciones subterráneas. «Entre toda esta gente hay un número innumerable de conexiones, de cosas que no sabemos, de conversaciones que se han tenido y de las cuales no hemos sido testigos, de tierra que parece entera y, sin embargo, está trazada, delimitada por una infinidad de trayectos. Lo subterráneo son todas esas conexiones, como un mapa de metro, como cada una de las líneas que nos unen los unos con los otros y que no podemos conocer.» Hablamos de su concepto de los centros de gravedad. «Toda persona tiene en su vida varios centros de gravedad que ejercen una fuerza al mismo tiempo y sin los cuales caería al vacío. Algunos días se está más cerca que otros de caer. Es cuando empiezan a fallar —a desmoronarse, a perder su tensión, su atracción— cuando nos damos cuenta del peso de la existencia.» Aurore parece un centro de gravedad para ti, me dice. Más bien un arco narrativo, respondo.

Pasamos tarde tras tarde bebiendo pintas a tres euros.

23

Ayer, los chalecos amarillos picaron adoquines en los Campos Elíseos; hoy, María y yo paseamos. Hay decoraciones navideñas, árboles de plástico y LED que brillan en rojo fosforescente y añil francés. Me acuerdo de la reforma de Gran Vía, la ampliación de las aceras; me acuerdo de mi alegría y me siento casi una niña de pueblo con los ojos brillantes porque van a instalar en su parque una papelera, en su parque que está al lado de la Plaza Mayor. La Plaza Mayor de mi pueblo, que está al lado del susodicho parque con su reluciente papelera, no se merece tal nombre cuando existe la Place de la Concorde.

Suficiente humillación como para seguir hasta el final con la analogía. Horas antes, *le peuple français* ha hecho retroceder a las Compañías Republicanas de Seguridad, asaltado el Arco del Triunfo, destrozado vidrieras, roto esculturas. Ahora quedan los trocitos de cristal en los tornos del metro, los que hemos visto en Châtelet, los que volvemos a ver en Charles de Gaulle-Étoile.

Será lo mismo el sábado que viene.

Los chalecos amarillos ofrecen una alegoría muy interesante: la historia de toda la humanidad resumida a través de un *pueblo*; un pueblo trabajador, periférico, subalterno; un pueblo que performa los sábados su santo ritual: los sábados como expresión de cólera, abandono, revuelta. Si todo esto hubiera tenido lugar en el siglo XVIII, ¿no ostentaría hoy una consideración casi mítica? Congregaciones multitudinarias sábado tras sábado, protestas constantes por una vida digna de ser vivida, una lucha incansable que cada semana se reactualiza, le crecen aristas. Al principio nadie sabe muy bien qué opinar; después, nadie sabe muy bien qué opinar. Decir «yo soy chaleco amarillo» es casi decir «yo soy obrero», es casi decir «yo soy proletario», es casi decir «yo también sufro en mi cuerpo las consecuencias de este sistema que hace que no tenga otra cosa, otro valor que mi productividad, que mi fuerza de trabajo, que mis manos: que no tenga nada que perder». ¿Puedo yo decir que soy chaleco amarillo desde mi asiento en un anfiteatro de La Sorbona, desde esta universidad que me ha seleccionado por dosier, desde esta universidad que ha dejado fuera a tantos jóvenes de barrios obreros que fueron a institutos obreros para gente obrera y que, por tanto, sacaron notas excelentes que valen menos que las mediocres de sus vecinos pijos de la capital? ¿Puedo yo quejarme de que no me hayan aceptado en el Louis-le-Grand o el Henri IV con un 19,56 sobre 20 porque no he ido a un liceo francés, porque mi sistema educativo ha sido el español, porque no pertenezco a *los franceses* —a *un cierto tipo* de franceses—, porque no puedo soñar con *ese* fantasmático ascensor social? Pudiendo pagar con el dinero de mis padres un alojamiento relativamente espacioso a las afueras de París y teniendo suficiente en mi cuenta como para beber con regularidad y hacer todas las comidas del día —se dice pronto, en los tiempos que corren— sin un trabajo a tiempo parcial, ¿puedo también reivindicarme precaria, chaleco amarillo, tan solo por haber visto a mi madre trabajar de camarera de piso y barrer cementerios para sacarme adelante, por haber tenido a mis padres en el paro a la vez, por haber llegado a quedarnos sin luz durante un día, por haberlas pasado putas durante la crisis? ¿No invalida todo eso mi situación actual si a mí *en nada me afectan* todas, *en nada me van a afectar* todas y cada una de las heridas que desangran a los chalecos amarillos?

Suponer que sí no quita el escozor del distanciamiento; asumir que camino junto a los chalecos amarillos no quiere decir que vaya yo, cualquier día de estos, a ponerme uno. Pero es de las pocas opciones *morales* que me quedan. ¿Cuánta verdad hay en el enunciado *étudiants, gilets jaunes, même Macron, même combat*? Ojalá toda. La realidad se queda en que hay *alguna, quizás*. Eso no impide que también sienta la revuelta —*su* revuelta— un poco mía, un poco la de *todos:* un *todos* muy amplio, un *todos* que deviene un *nosotros.* Y qué poder tiene la primera persona del plural.

24

Le mandé la recopilación de mis poemas, ¿no?, pues no me acordaba de su respuesta. Ahora la leo y no lo entiendo: no sé qué hace, qué quiere hacer, qué está haciendo, yo qué sé.

Tranquila. En tu posición, en la posición en la que yo he estado, el amor parece exigirnos una inalcanzable delicadeza. El temor constante de herir, de que al menor golpe de viento todo se rompa. Escribe rápido, ahora que los recuerdos están frescos. Podrás sublimarlo.

Théo acaba de liarse un cigarrillo y bebe mientras lo sujeta entre el anular y el meñique, *à la Houellebecq*.

Te veo asesinada por tu amante.

Amante son palabras mayores. Con Cecilia, a Cecilia le dije una vez, bueno, nos dijimos, que si llegábamos a los setenta nos mataríamos mutuamente. Más o menos.

Quizá tenga algo que ver Aurore con que ahora escribas tanto. Su ausencia te hace escribir y su presencia te quita las palabras.

¿Mi Musa funciona solo cuando me rehúye? Qué martirio. Puto Baudelaire.

La escritura o la mirada conquistada: tú eliges.

Me pregunto qué pensó Aurore leyendo mi último poema para ella.

No sabes ni si lo ha leído. ¿Y si no te encuentra?

Podría pasar.

Nunca escribimos al buen destinatario.

Porque no se escribe a la persona en sí, sino a su fantasma.

Y a uno mismo.

Voici la vérité.

A veces me pregunto si esta incapacidad de comunicación no será, precisamente, la base de toda sensibilidad poética, como un absoluto inevitable para el escritor. O si depende de la persona. En el segundo caso, quizá no hayamos encontrado al buen entendedor.

Pero harían falta muchas palabras. Creer que algún día lo encontraremos...

Volvamos al orgullo. Para quien es excepcional, el alma gemela es excepcional. Para aquel que es banal, el alma gemela está por todas partes.

El aforismo que te acabas de montar da mucha pereza.

Me río pensando en cómo, en apenas unas semanas, hemos construido un espacio. Hemos construido un espacio que no existe, Théo y yo, en el cual se puede decir cualquier cosa, en el cual se puede *hablar sin juicio*. Así debe definirse la amistad: como una topografía.

Fumo.

A veces pienso que la mía fue Cecilia. Que no podíamos permanecer juntas, pero que era ella; que tras ella jamás encontraré a otra persona así.

Qué posibilidad. No sé si diría lo mismo sobre Zoé.

Es triste.

Pues bebamos. A tu salud, hermana mía.

25

Como parte del tratamiento hormonal, y con tal de bloquear la producción de testosterona en mi cuerpo, trimestralmente tengo que pincharme triptorelina. Es un medicamento utilizado para tratar el cáncer de próstata, como castración química —según un estudio israelí de 1998, elimina la peligrosidad de agresores sexuales reduciendo su libido, siendo particularmente eficaz con pederastas—, como tratamiento de la endometriosis, en la reproducción asistida para controlar la función ovárica, en casos de pubertad precoz. No sé muy bien qué tengo en común con las víctimas de cáncer de próstata —y, en cualquier caso, si un cáncer me mata, será otro: pulmón, garganta, boca; del primero tengo hasta antecedentes familiares—, todavía menos con los agresores sexuales —y yo no he notado disminución alguna de la libido, por poca vida sexual que tenga—, el tema de la endometriosis es ya directamente una imposibilidad biológica; en cuanto a la pubertad precoz, siempre fui de las más pequeñas de la clase y he parado de crecer una vez alcanzado el metro sesenta y tres.

Voy a casa de Morgan, parisino que conocí en Madrid durante su Erasmus de Medicina y al que le he pedido el favor de administrarme el medicamento (yo nunca lo he hecho sola). Se trata de una inyección intramuscular, o bien en las nalgas o bien en el muslo. Su piso en el barrio de Alésia tiene una máquina que tuesta los granos de café haciendo un ruido horrendo —como de inocente en el ecúleo— y dejando un olor maravilloso. El medicamento, lamentablemente, ni hace ruido ni huele a nada.

Prepara todo, se lava las manos, se pone los guantes; le cuesta agarrar la triptorelina líquida porque está excesivamente espesa, saca aire de la jeringuilla, suelta una ínfima cantidad de triptorelina sin querer, me pincha en el muslo (no duele apenas, nunca duele apenas). Todo acaba muy rápido. Me quedo unos minutos más tomando café hasta que él tiene que ponerse a estudiar. Cojo mis cosas con la tensión del líquido todavía por dentro del muslo, como una cucaracha que arrastro, algo a medio camino entre un bichito y una inflamación. Me invita a su fiesta de cumpleaños y nos damos dos besos. Le digo que ahí estaré antes de ir a la primera y única clase magistral de arte romano a la que iré este semestre.

26

Théo tiene ganas de hacer el amor con alguna joven desconocida en cualquier pequeña buhardilla de París, con la insurrección del pueblo de fondo. Ser Frédéric Moreau acostándose con la Mariscal en medio de la revolución de 1848.

A veces se pierde el pesimismo y hay instantes de ilusión. El gobierno de Macron anuncia una subida generalizada de las tasas de inscripción para estudiantes extranjeros —tomando por *extranjero* a toda persona de nacionalidad extraeuropea—: la *licence* pasará de 170 euros al año a 2770, el posgrado y el doctorado de 240 y 380 a 3770 euros. El movimiento estudiantil se activa espontáneamente y bebe de los chalecos amarillos, les chupa la sangre, intenta alimentarse de ellos (o al revés, sobre todo para los trotskistas, obsesionados con la *masificación*, con la *convergencia de luchas*). Todo el país vuelve a estar en cólera y esa es la verdadera *rentrée* francesa. Vamos por la calle en *manif sauvage* —que es como llaman los franceses a las marchas no autorizadas por el gobierno— y los albañiles nos saludan mientras nosotros les aplaudimos; los señores mayores alzan el puño; las ambulancias hacen sonar sus sirenas *en solidaridad*; la gente está de nuestra parte, la gente *estalla*.

Hay momentos brevísimos en los cuales pareciera posible cambiar las cosas.

27

Camino en medio de una enorme manifestación que parte de la sede de Campus France, en el norte de París, cerca de los principales núcleos del *vingtième*. El bloqueo ya ha empezado en las facultades: ni rastro de las clases. Théo llega cuando ya hemos pasado République, y nos encontramos detrás de las banderas de la UNEF. Nos abrazamos y tomamos algo de distancia respecto a la multitud. Queda poco para las cuatro de la tarde; la manifestación ha empezado a las dos y media. Nos reímos porque en el Carrefour de enfrente de su casa tienen tanto miedo de los chalecos amarillos que hasta han instalado *barricadas* sobre los cristales.

Nos dejamos llevar por la belleza del momento y la estética de la violencia en el horizonte: nos regodeamos mirando a la gente, fumando muchos cigarrillos, sonriendo. Llega Cecilia y me abraza con fuerza. Saluda a Théo, pero le da vergüenza hablar francés. Se me agarra del brazo y se queja cuando fumo: repetimos la misma película que interpretábamos cada día, en Madrid, hace apenas unos meses. Llegan los furgones de policía a Gare de Lyon.

Todo se va de las manos en el último momento. Algunos manifestantes quieren entrar a la fuerza dentro de la estación y se enfrentan con los guardias. Un hombre en concreto —un hombre ya mayor, casi anciano, rondará los cincuenta— es perseguido por la policía; intenta huir, pero acaban lanzándolo al suelo: porrazo tras porrazo sin piedad ni consideración. La gente corre; otros intentan hacer algo, ponerse en medio (los valientes). Théo, Cecilia y yo huimos acelerados, doblamos la esquina, nos acercamos a la orilla del Sena. Suspiramos.

Acabamos los tres tomando algo en Le Nouvel Institut. Théo presencia una partida de tenis de mesa: Cecilia y yo no paramos de lanzarnos pullas sutilmente, echarnos todo en cara, insinuar, insinuar. Le recuerdo a Cecilia, por si se le había olvidado, que una vez estuvo enamorada de mí. «Hemos hecho muchas cosas mal», me dice. Y tantas.

Cecilia es capaz de saltar de un tema a otro sin enlace, de tangente en tangente, de unir los hechos más inconexos, de hablar y hablar y hablar y no decir nada y esperar que se la entienda. Se lamenta todo el rato de lo miserable que es su vida en París, pero no está lamentándose de verdad: está reafirmándose en la narrativa de su vida, está queriendo colocarse en el papel de mártir. Lo que quiere —yo lo sé, yo veo a través— es imponernos a todos papeles secundarios.

Pido un brownie y lo comparto con ella. Se mancha entera (los labios, las mangas). Es muy difícil parecer elegante o grácil comiendo como come. Seguimos hablando hasta que se tiene que ir, se despide efusivamente y se va envuelta en su gabardina café. «Pues ya conoces a Cecilia.» Théo sonríe. «Qué mujer. Como un personaje novelesco.»

Yo creo que estaba enamorada de ella porque era como un personaje novelesco, una gran aparición del azar, una fuerza sin rumbo ni dirección alguna. Eso era Cecilia: un impulso a ninguna parte.

28

Soy con diferencia la más joven de todas las amistades de Morgan, pero no visto como si lo fuera. Esto se explicita cuando descubro que existía una convención no escrita según la cual había que venir a la fiesta como a un cumpleaños en un geriátrico. Hay gente que ha rebuscado en el armario de sus abuelos y va con collares de perlas, con vestidos de flores; yo llevo un jersey blanco, una americana negra y unos pantalones burdeos de tiro alto. Por más que me parezca a mi abuela, todo con lo que visto es mío.

Después de cantarle a Morgan el *joyeux anniversaire* por sus veinticinco y comer tarta empieza la *soirée* propiamente dicha, que consiste en que alguna gente baila no demasiado bien a ratos y otra tanta se queda bebiendo en una esquina y teniendo conversaciones de las cuales no se acordarán al día siguiente. Se me acerca una chica joven, mona, media melena negra perfilada por un flequillo recto. «No me gusta esta música; deberíamos poner música gay.» Acepto la invitación y empiezo a meter canciones en la lista de reproducción. En algún segundo de *Toxic* empezamos a besarnos y nos apartamos del resto. Tiro del aro de su collar con violencia para acercarla más a mí; pasan los minutos hasta que nos separamos, nos reímos. Bebemos antes de hablar —antes de hablar por primera vez, más allá de *no gustarle esta música*— y nos preguntamos los nombres (estaría bien saberlos). Rebecca.

Orbito alrededor de ella todo lo que queda de noche o, más bien, orbitamos la una alrededor de la otra. Hay breves momentos en los cuales se sienta a hablar —parece que esté consolándola— con una amiga suya y yo hablo con Morgan, hablo con su madre, me hago amiga de su madre, veo cómo se lía y se enciende un porro, pero toda la noche sucede entre Rebecca y yo. Acabo sentada en una silla con Rebecca encima de mí, comiéndonos la boca sin evaluar la idoneidad del contexto. Lo mismo después contra el sofá. Lo mismo tumbadas acariciándonos, jugando con su pelo y su piel mientras me dice *t'es trop belle*, mientras me repite bebida lo guapa que soy como si yo no me lo creyera. Salgo a fumar y me encuentro con Morgan; se ríe de la situación y me pregunta si *ça va*. Muy contenta de haber venido. Muy contenta de que celebres tus veinticinco. Muy contenta.

29

A las cinco de la mañana, cuando las amigas de Rebecca están decidiendo qué hacer y la gente ya se va, ella deja caer que vive a apenas diez minutos, cerca de Porte d'Orléans. Me lleva hasta su casa mientras hacemos el recuento de cuánto hemos bebido: champán, vodka, distintos vinos blancos, un mojito *à la chartreuse* asqueroso. Pasamos un largo corredor al aire libre esquivando los charcos en el suelo calado por la lluvia. Me doy cuenta de que me he dejado el paraguas donde Morgan. Siempre me dejo los paraguas. Subimos una eternidad de escaleras. En unas cuantas horas —sobre las nueve— tendrá que irse a dar clases particulares de inglés. Miro su memoria del primer año del posgrado sobre la poesía de Sylvia Plath y Anne Sexton: «Logré fundamentar buena parte de mi tesis en que Sylvia Plath era lesbiana y estaba carcomida por la heterosexualidad obligatoria; el jurado me dio la razón». Hablamos de astrología: ascendente Cáncer, Sol en Tauro, Luna en Géminis (esto último lo recibo como un castigo divino). Me acerco a ella —ya tumbada en la cama— y nos mezclamos. Nos desnudamos la una a la otra, nos mordemos —el cuello y los labios— hasta hacer sangre, agotamos el espacio para sentir el roce rítmico; no me cansa estar encima todo el rato. Pasamos así lo que nos queda de noche; cuando paramos, todavía no ha empezado a amanecer, pero ya han pasado las seis de la mañana. Su cama hace mucho ruido cada vez que choca contra la pared, los muelles también hacen mucho ruido, ella también es placenteramente

dormimos abrazadas y desnudas y, al levantarnos —la ternura ocupa el lugar que ocupaba el
...adas de ropa sucia y pendientes tirados sobre la
...csita de noche. Prepara café soluble y desayunamos hasta
que yo me tengo que ir. Nos besamos en la puerta.

No es la primera vez que beso a alguien desde que estoy en
París; sí es la primera vez que me acuesto con alguien. En ese
momento me parece que la espera ha merecido la pena.

30

«Tolbiac, te has creído chispa de la movilización y te has descubierto flama; te has creído gota y te has descubierto rivera.
Lo que yo te propongo es que salgas mañana de tu sueño y
abrases los Campos.» Un estudiante toma la palabra en medio
de la asamblea general y se cree poeta. La gente llama a la convergencia con los chalecos amarillos de las maneras más ridí-
culas.

El anfiteatro N de Tolbiac, el de mayor capacidad —más o
menos mil asientos—, está casi lleno. Théo y yo nos instalamos en las gradas de la parte superior, separadas del resto por
unas escaleras, e interpretamos nuestro rol como espectado-
res de la obra de teatro de la rebelión. Nos reímos con algunas
intervenciones, hacemos bromas, aplaudimos otras. Una chica llama a ocupar la facultad de manera indefinida desde mañana mismo. Bajamos y nos instalamos al lado de la tribuna
para ver todo más de cerca. Un estudiante vestido con un

chaleco amarillo explica el concepto del RIC —«referéndum de iniciativa ciudadana»— como medida clave de los *gilets jaunes*. Théo está fascinado por la democracia directa; yo tengo menos fe en lo directo de la democracia. Intervienen pocos estudiantes extranjeros en una movilización supuestamente centrada en los estudiantes extranjeros. Interviene un economista para explicar los planes del gobierno y sus consecuencias. Interviene mucha —o poca— gente, en definitiva.

Entra el presidente de París I. Empiezan los gritos pidiendo su dimisión. Tras algo de escándalo, el anfiteatro se calma y él toma la palabra. Dice que es de izquierdas y que está en contra de las medidas del gobierno. ¿También te considerabas de izquierdas cuando llamaste a las fuerzas de seguridad para la evacuación violenta de Tolbiac hace un año durante la ocupación? ¿Cuando tirasteis a un alumno por las escaleras, cuando golpeasteis a tantos otros? Saltan los gritos. Monta lo que después una amiga de la movilización calificará de psicodrama: «estuve enfermo durante dos meses; la evacuación de Tolbiac es una cicatriz que voy a llevar siempre en mi piel, no lo hice por gusto». Todo se tensa. Acaba saliendo escoltado por la seguridad, la asamblea general degenera, la mayoría se marcha, se convoca una pausa. Se toma la decisión de retomar la asamblea mañana mismo para poder votar (votar si sí o si no al bloqueo, que es para lo que sirven siempre las asambleas generales: rojo o azul, arriba o abajo, Barrio Sésamo de la militancia).

El teatro de la revolución continúa a la mañana siguiente, pero no es difícil darse cuenta de la fatiga que arrastramos todos. Ya hay quien habla de la muerte del movimiento estudiantil apenas semanas después de su nacimiento.

Hay días muy largos en los cuales parece imposible cambiar nada.

31

No somos muchos en la facultad cuando llego a las siete con la intención de apoyar y asistir en el bloqueo. Un grupo de hispanohablantes —de las cuales solo conozco a Rania— me presenta a Josefina, argentina —a María le hace mucha gracia el pareado—, pañuelo verde al cuello; Josefina me presenta a Elsa, que está en primer año de Historia y Estudios judaicos. Paso todo el día con Elsa, comentamos la situación, nos enfadamos cuando ya no queda nadie por la tarde y estamos solo nosotras dos soportando los escombros del bloqueo —todos se han ido a la manifestación—, jugando a las cartas, hablamos de astrología; me invita a comer, coqueteamos. Es la erótica de la revolución.

Pasan otros cuantos días de bloqueos y asambleas generales hasta que, con la excusa de ir a comprar para un desayuno militante en la facultad, tiramos las bolsas al suelo en un rincón de Olympiades y nos besamos (me doy cuenta de que *para eso* hemos insistido todo este tiempo en ir nosotras dos a comprar, y también *para eso* Josefina me ha dado un vale por una sesión en los cines de Les Halles). Volvemos a Tolbiac y me despido rápido de ella antes de irme a hacer el primer examen del semestre en París III.

32

Quedo con Rebecca. Hablamos de la toxicidad de los espacios supuestamente feministas de París, de la militancia, de las guerras entre *autonomes* y trotskistas; de la literatura, también; de la exposición que hay en el Petit Palais sobre Khnopff y los simbolistas, del Sezessionsstil, de cine, de música. Tiene muy buen gusto. Tiene un gusto excelente. Se disipa el miedo que tenía a que resultara ser una persona absolutamente banal. Ahora temo que me guste demasiado.

La segunda vez que me quedo a dormir es tan placentera como la primera; ahora armamos escándalo a partir de la una de la mañana en vez de desde las cuatro. Me despido —ya no nos veremos hasta después de navidades— besándola con toda la dulzura con la que no nos besamos por las noches. Llego tarde, por su culpa, a la asamblea general. *Peu importe.*

Théo vive con envidia e incredulidad el inesperado renacer del amor y la erótica en mi vida. Yo me quejo de que todo esto me incapacita para escribir, de que nada me llena y de que apenas tengo tiempo.

Ojalá me quejara yo de lo que tú te quejas, me dice y empieza a enumerar: Rebecca, Elsa...

Laura, que vendrá de visita...

¿Laura también? Bueno, en fin. Cambiemos de tema. *Qu'est-ce que j'en ai à foutre.*

33

María se muere de ganas de volver a Madrid: para mí, volver a Madrid es algo casi impuesto, porque sé que nunca va a volver a ser *mi* Madrid, porque ya me siento más en casa en otro sitio que en mi casa propiamente dicha, en otro lugar donde no están ni la mayoría de mis libros ni la mayoría de mis pertenencias ni la mayoría de mis recuerdos, pero sí mi presente. Volver a Madrid es volver a escribir en pasado; como enunció Larra, «escribir como escribimos en Madrid es tomar una apuntación, es escribir en un libro de memorias, es realizar un monólogo desesperante y triste para uno solo. Escribir en Madrid es llorar, es buscar voz sin encontrarla, como en una pesadilla abrumadora y violenta. Porque no escribe uno siquiera para los suyos».

34

La tarde de Nochevieja vinieron a casa de mis padres Milena y su pareja (Eric, un yanqui proyecto de escritor que, antes de estar con ella, fue su primer amigo cuando empezó las clases de español en Madrid). Mis padres siempre han adorado a Milena como si fuera su propia hija. Ni siquiera se enteraron por mí de nuestra ruptura: fue ella a contárselo. Ella había estado en París poco después de que yo empezara las clases; era la primera vez que hablábamos, con algo de naturalidad, sobre lo que había sido de nuestra relación; la primera vez que podíamos tomarnos un vino tranquilamente. A lo mejor la madurez era eso: la relación que podía tener en ese momento con mis ex, con María, con Milena —algo menos con Cecilia—; el esfuerzo exitoso de anteponerse a las astillas, de algodón y Betadine, alcohol y suero: el verbo *olvidar*.

Derivó todo muy rápidamente en absurdo cuando mis padres les ofrecieron quedarse a cenar. Milena recostaba en mi hombro su cabeza. Cada cierto tiempo, como para compensar el efecto que esa imagen pudiera estar produciendo en Eric, Milena se volvía hacia él, se daban un solo beso, volvía a mí. Nos apartamos del resto para que me hiciera una foto, muy cerca de mi cuarto, y entonces pensé en qué sucedería si nos besáramos ahí mismo, si tardáramos un poco más de la cuenta, si nos despidiéramos así. No pensé en Eric. Ni por un momento.

¿En qué tipo de persona me convertía pensar *eso*, no tener remordimientos ni culpa, y *encima* creer que era posible, que ella respondería si yo la besara, que me besaría con la misma intensidad, que me agarraría la muñeca, la guiaría —no tenía ni botones su pantalón, no había ni que desabrochar— y cerraría la puerta?

Siempre pensé que Milena volvería conmigo si yo se lo propusiera. Probablemente no. Esa idea era el reflejo de mis deseos de engrandecer lo que tuvimos. No volvería, no *volveríamos*. En marzo subió a Instagram su primera foto besándose con Eric. En abril subió otra foto con Eric. En julio subía las fotos que le hacía Eric. En julio, Eric le deseó un feliz cumpleaños a través de *otra* foto más, preguntándose cómo habría podido sobrevivir a ese año sin ella. En agosto, Milena subió la primera foto en la cual solo aparecía Eric. Empezó a ocupar el lugar que antes yo había ocupado en las fotos de pareja: llegó el momento en que no hacía falta que saliera ninguno de los dos en la foto para que fuera absoluta y completamente evidente que estaban juntos, incluso en la ausencia; como una presencia, como el rastro al etiquetar a alguien en el borde de una mesa o en una taza de café, porque esa ahora se convierte en su taza, en su posesión, en su existencia.

«Feliz año nuevo, Milena», dije, y callé el *Schatzi* que incluso entonces me salía al llamarla. Brindamos mientras ella sonreía brillante. Difícil adivinar así que en Schleswig-Holstein llueve todo el tiempo. Caminando un día por el centro de París, un señor nos habló, creyendo que éramos —o que éramos *todavía*— pareja, y al decir yo que lo *habíamos sido* nos preguntó triste el porqué. Bebí champán y brindé con Eric. Feliz año nuevo.

35

Llegué pronto a casa de Mateo para la fiesta. En el salón estaban ya casi todos mis amigos de Madrid; muchos absolutamente tirados, algunos bajo los efectos del eme. Fueron llegando por goteo el resto, pidiéndose cigarrillos, festejando estar por una vez reunidos. Nos preparamos bebidas, empezamos a beber y a fumar, nos contamos anécdotas, bailamos.

Ya muy borrachos salimos Pablo y yo a comprar algo de

comer: nos resignamos a muchas, *demasiadas*, patatas fritas del Burger King abierto veinticuatro horas al lado de Sol. Llevamos a Mateo la hamburguesa que nos había pedido. Mezclé ginebra con una lata de tónica que él tenía en la nevera y me senté en la mesa con Alejandra y las demás.

Estoy escribiendo una autoficción, le dije a Alejandra. ¿De toda tu vida? No, no, desde París; bueno, desde algo antes de... irme, de irme a París. Ella zanjó rápidamente la discusión.

«No creo que vayas a ser sincera.»

36

Elizabeth: Coucou, mademoiselle seguramente estudiosa. llego hoy a París

Elsa: mdr, qué haces mañana? Yo iré a París III para las inscripciones.

Elizabeth: También debería ir, pero ya te diré, que tengo que planificar con mi compañera de piso las comidas del mes...

Elsa: Eres la peor

Elsa: Qué se puede esperar de una colocation Virgo-Tauro. Horror

Elizabeth: A qué hora estarás por Censier?

Elsa: Estaré estudiando todo el día con una amiga. Así que si quieres tomar un café un momento... Y a las seis hay una manifestación frente al Centro de Retención de Vincennes!

Año Nuevo había pasado sin pena ni gloria. Arrastraba tanta represión emocional que perdí los nervios. No encontraba mi monedero al pasar el control del aeropuerto. Casi íbamos tarde. Llamé a alguien de seguridad para que me ayudara y volvieron a pasar mi bandolera por el escáner. Todo en orden.

Me di cuenta, a dos minutos del embarque, de que me había dejado en el control el portátil envuelto en su funda. Traté de recorrer el camino inverso y me equivoqué de sección. Avisé a un asistente de Vueling, que me aseguró de que se lo entregarían a mi familia para que me lo mandara por correo. «Absolutamente patética.»

En la misma funda iba el cargador de mi teléfono.

Desconectada de mi apéndice cibernético-emocional, sin poder escribir, sin contacto humano que no fuera María. Por primera vez, no podía escuchar nada a la hora de dormirme. Estaba sola conmigo misma y la noche.

No sé ni cómo logré levantarme a la mañana siguiente.

37

Elizabeth: No tenía batería para decirte, no he podido cargar el móvil hasta ahora.
Elizabeth: Yo llegaré a Censier sobre la una, la una menos algo.

Absurdo llegar a Censier y no ver a ninguna de las personas que para mí encarnan la imagen de Censier: nadie pidiéndome un cigarrillo, nadie saludándome, nadie riéndose del café a mi mano pegado, nadie lamentándose por el ritmo de las clases. Me siento en las escaleras que llevan hasta la biblioteca —hay un cartelito que prohíbe fumar en las escaleras, yo me enciendo un cigarrillo que se suma a la media centena que me habré fumado en este rincón concreto— y pruebo a conectarme al wifi.

Aparece, como primera conexión disponible, la conexión móvil compartida de Aurore.

Trato de triangular de dónde proviene la señal. Saco un café vainilla de la máquina de café y recorro los pasillos a ver si la encuentro. No está. Sabiendo que no puedo entrar a la biblioteca con el café en la mano, me lo acabo rápidamente mientras me fumo *otro* cigarrillo. La conexión ya no aparece ni en la cafetería ni en la entrada. Me paseo —intentando no hacer ruido— por las dos salas de la biblioteca, absolutamente incapaz de encontrarla: no ayudan la cantidad de rayitas de wifi de las cuales el teléfono me informa, como buen detector emocional de metales, pues o bien la conexión desaparece por completo o bien tiene siempre la misma fuerza (tres, tres rayitas blancas y crecientes). La búsqueda es inútil y en ninguna de las dos salas la encuentro. Relleno las inscripciones rápidamente y salgo de la biblioteca. La red Aurore ya no aparece en la lista.

Leo un rato y, al terminar, abro los ajustes del teléfono; después, la pestaña del wifi. Como broma cruel del universo, Aurore por fin ha reaparecido entre todas las opciones posibles.

Elsa: Lo siento, ahora estoy en casa. Pasa un buen día y nos vemos pronto.

Abrumada por tanta indiferencia recojo mis cosas y me voy. Cierro la narrativa. Cojo el metro y *sé* que pasaré otro día sin interactuar con nadie. El larguísimo transbordo de Châtelet-Les Halles. Miro la captura de pantalla que hice hace un rato de la pestaña del wifi, con Aurore como primera opción.

38

En París, los mendigos pasan por los vagones dejando pequeñas tarjetas. No hay mayor interacción. Una vez lees una, puedes dar todas por leídas: dicen prácticamente lo mismo, piden prácticamente lo mismo —un euro, dos euros, un ticket restaurante— y duran prácticamente lo mismo en el asiento. La reacción de los mendigos, ante la indiferencia de la gente, suele ser excusarse. «Perdón por molestar» (implícito: «Perdón por molestar con mi existencia»). Nadie es tan indiferente con los mendigos como los parisinos.

Nadie.

39

Mirando Tinder encuentro el perfil de una tal Aurore, sin fotografía, imagen blanco marfil, descripción ambigua. Bien podría ser ella incitando a descubrir más, si es que es eso lo que se desea, a través de un match y no del deseo puramente físico, de la industria cárnica virtual: deseo e industria que son, por supuesto, para lo que está concebido Tinder. Doy match sabiendo que *no* es ella y deseando que lo sea. Imagino, por un momento, a Aurore buscando *plan culs* en Tinder. En treinta minutos me he desilusionado por completo. En treinta minutos ha muerto toda fantasía en mi cabeza.

Es ese tipo tan leve de tristeza.

Elizabeth: Joder con la Géminis. No puedo contar con tu constancia

Elsa: Admite que te gusta esta imprevisibilidad

Elizabeth: A medias

Elizabeth: Tengo un regalo para ti. Una pena no dártelo hoy

Elsa: En serio? Me perdonas si te invito a comer el viernes? (parece que estoy haciendo esto solamente para que me des el regalo; lo cual es, en realidad, una media verdad)

Elizabeth: Dale, ça me va, je t'excuserai (salvo si invitarme a comer significa invitarme a comer un panini vegano en el parque de al lado de Tolbiac)

Elsa: Por qué estás tan desagradable hoy, por favor

Elizabeth: Admite que te encanta que esté desagradable

40

El primer día de exámenes ni siquiera veo a Théo y todo el mundo está lejos, muy lejos; como si la ausencia hubiera servido para acercarlos entre ellos y ahora formaran un grupo al cual yo ya no pertenezco. Aurore lleva el pelo cobrizo. Estéticamente no le queda mal: hechos puramente objetivos. Pero ya no hay deseo. Tan solo se me ha caído un poco de café en la manga al darme cuenta, delante de las máquinas, de que me la iba a encontrar a la entrada del anfiteatro; nervios que se han disipado inmediatamente al verla. La gabardina ya está limpia, nada trascendente, nada trascendental (todavía no me he leído la *Crítica de la razón pura*, todavía no sé la diferencia entre estos dos conceptos).

Vuelvo triste. Un día de exámenes tras otro: muchas variaciones de volver un poco triste. Resurge la normalidad cuando empiezan las clases, cuando vuelvo a beber con Théo y me dice —me susurra, por si alguien escucha, por si los rumores corren en Le Nouvel Institut y los camareros oyen cuando te cobran al traerte tu pinta— que, en Montpellier, se ha vuelto a acostar con Zoé. Sorpresa. «Pero Théo, por Dios. Mira lo bien que lo he gestionado yo con Cecilia. No te hagas eso.» Primero ella se la chupó en un parque —«Joder, Théo»—, luego se acostaron en su casa, han vuelto a acostarse en París. Qué débil es el ser humano ante los placeres de la carne.

41

Como con Elsa en un restaurante riquísimo en medio de un barrio gentrificado cerca de la facultad. Hablamos de marxismo, de lo pesimista que soy yo, de Gramsci, de un montón de cosas. Acabo acompañándola a casa de su abuelo. Nos habla de la guerra civil española: amigos suyos murieron allí, las Brigadas Internacionales fueron lo más bello que él ha visto

nunca, la nostalgia le invade pensando en sus amigos comba-
tientes. Es judío y guarda su carnet de militante del Partido
Comunista. Ahora, hablando sobre la llegada de Valls a la
política catalana, dice de él que es «un tipo de izquierdas,
respetable, europeísta, un muy buen candidato; ¡cómo va a
independizarse Cataluña!» Elsa dice que *no* se avergüenza
de su abuelo, pero sí quiere que se calle, y yo me pregunto
cuál es la diferencia entre avergonzarte de alguien y querer
que cierre la boca.

El billar francés en la habitación contigua al salón me fasci-
na. Paso mucho, muchísimo tiempo practicando, buscando el
movimiento justo de la bola, el ángulo. Los únicos momentos
en los que me tiembla más el pulso suceden cuando se acerca su abuelo, me intenta enseñar, coge mis manos con las suyas, insiste en la posición correcta. Es Aries, dice Elsa. Se nota,
digo yo.

Nos besamos al despedirnos en Châtelet y me da el libro
que me ha pedido que deje mañana en la biblioteca de Tolbiac,
Diccionario enciclopédico del judaísmo: es gordo, pesado y antiguo.
A su abuelo hay que gritarle las cosas para que se entere, porque ya no oye mucho. Me pregunto si Elsa es consciente de
que probablemente no le quede mucho tiempo, de que también tendrá que *devolverlo a la biblioteca* dentro de poco, aceptar
que se acabe. Todo esto me pone muy triste en el camino de
vuelta, así que decido pensar más en el examen de mañana
que en ello.

42

Rebecca: Coucou! Lo siento por no haberte respondido antes, estaba en Toulouse este fin de semana y no he tenido nada de tiempo al volver. Pero sí, ahora mismo estoy en París.

Rebecca: Quería comentarte una cosa, por si nos vemos, para que no sea incómodo. Es solo que, con tus tweets y todo, me di cuenta de tu edad, y no me había hecho preguntas sobre eso antes de las vacaciones porque al principio pensé que teníamos más o menos la misma (en la soirée incluso creía que eras mayor que yo), y generalmente tampoco presto mucha atención a esas cosas. Pero, reflexionando sobre ello, he llegado a la conclusión de que seguir siendo más-que-amigas sería arriesgarse a que la cosa se volviera complicada y no muy saludable; no es que te saque muchos años, pero estás en un momento en el cual se cambia mucho y tendría miedo de que cayéramos en una relación de poder. No significa que no crea que eres superinteligente e impresionante; simplemente, personal y políticamente, no puedo tomar ese riesgo con una chica más joven.

Rebecca: No sé qué piensas y no quiero que parezca que decido sobre tus emociones por ti. Evidentemente, eso no significa que no podamos seguir haciendo cosas juntas, en tanto que amigas, si ça te va.

Se me hace un poco complicado aparentar normalidad ante María y seguir cenando como si no pasara nada después de sentir varias puñaladas en el pecho, pero consigo acabar rápido, dar las buenas noches e irme. Me desnudo torpemente.

Elizabeth: No te preocupes. Lo entiendo, entiendo de dónde viene; tampoco es algo que pueda rebatirte. No es la primera vez que me pasa y nunca hay mucho que decir. Tienes tus razones. En fin, incluso si pudiera dudar de que una relación entre nosotras dos acabara derivando en dinámicas de poder, no tiene sentido debatirlo. No quiero cuestionar lo que dices. Podríamos tener algo pese a eso, pero tú te seguirías sintiendo mal. Y es normal. Incluso sano. Voilà.

Elizabeth: Y sí, sí, absolutamente de acuerdo en lo de hacer cosas como amigas. Tenemos bastante en común y no era por un plan cul banal y vacío por lo que me interesabas, sabes. Perder la amistad sería una pena.

Es evidente que no volveremos a quedar. Barthes, en *Fragments d'un discours amoureux*, no pudo prever *del todo* la influencia —porque, como *lo personal es político*, lo es *personal y políticamente*— del militantismo y de Foucault en el amor (o, más que en el amor, su influencia a la hora de proveernos de excusas y justificaciones *a posteriori*). *Biopolítica* ha sido un bello neologismo y no estoy muy segura de que *eropolítica* o *política del eros* quede tan bien; además, por mucho que no se le haya dado un tal nombre, toda la política es una política del miedo, todo miedo es ya $\check{\epsilon}\rho\omega\varsigma$, todo $\check{\epsilon}\rho\omega\varsigma$ es ya política, todo deseo mata al amor.

En algún punto he debido de dejar de llorar y empezar a dormir, pero no tengo demasiado claro ni haber parado de hacer una cosa ni haber comenzado con la otra.

43

La mañana posterior a cumplir los dieciocho me abrí una cuenta nueva en Tinder. Cálculo aproximativo: quinta vez en dos años que me abría una cuenta en Tinder, aunque siempre fuera para después o bien borrarla o bien ignorar sistemáticamente todo mensaje recibido. A los dos días, una tal Eli me escribió *hi cutie* ✨ y acabé explicándole su carta astral y hablando con ella en un banco entre Ópera y plaza de España sobre el panpsiquismo, Spinoza y la memoria histórica.

No supimos muy bien qué hacer cuando la acompañé al bus que iba de Atocha a Parla. Nos despedimos a las puertas, ignorando si debíamos besarnos después de habernos visto por primera vez o bien abandonarnos sin la certeza de que hubiera una segunda. Ni yo me atreví ni ella se atrevió.

Elizabeth: estoy llevando fatal esto de irme despidiendo de la gente gradualmente estos días

Elizabeth: el hecho de que me vaya el lunes. c'est dur

Eli: :((

Eli: de verdad

Eli: es lo que te dije

Eli: para una vez que conozco a alguien genial

Eli: va y se va del país

Eli: dime que ir a francia no es muy caro

Eli: tú podrías venir a parla?

Eli: en plan más tarde?

Elizabeth: me ha acercado en coche a Madrid

Elizabeth: la verdad es que me arrepiento de no haber pasado más tiempo con ella

Elizabeth: tipo con la otra chica ha sido una cosa más de atracción puramente sexual-libidinosa, deseo banal. con Elisabeth no

Alejandra: Yo me imaginaba que iba a suceder lo contrario lol

Elizabeth: yo también pero vaya! sorpresas te da la vida

Con el coche parado a la altura de Villaverde Alto nos besamos una última vez, yo inclinándome desde el asiento del copiloto para estar más cerca, para sujetar sus mejillas, acariciar su pelo. No quería que aquel momento fuera una despedida; tampoco quería que aquella despedida se terminara. Siempre es igual. Siempre lo mismo.

Me doy cuenta ahora de que todo aquello quizá fue algo ridículo (y más todavía su versión narrativizada): nos habíamos conocido por Tinder apenas dos, tres días antes; *voilà* un enunciado absoluto, categórico. A la mierda Hume, a la mierda las bolas de billar —¿francés?— de las cuales no podemos suponer absolutamente nada más allá de la experiencia: yo, gracias a Tinder, estoy segura de que la causalidad de ayer es la misma que hoy, y de que permanecerá igual mañana.

Mañana llega Laura.

44

Sentada en un café al lado de Bastilla explico a dos turistas inglesas que esa estatua —el Genio de la Libertad sobre la Columna de Julio— es una alegoría de la República. No sé por qué lo digo. Me doy cuenta cuando ya se han ido de que podría haberles dicho cualquier cosa. Sé perfectamente que la estatua en Bastilla no es lo que he dicho que es, pero a partir de ahora *lo va a ser* para alguien. A la gloria de los ciudadanos franceses. Serán los nervios.

Encadeno tres cigarrillos mientras espero a que llegues, delante de l'Ópera; encadeno tres cigarrillos hasta que veo desde lejos cómo llegas. Nos abrazamos, nos besamos, cenamos en un restaurante vegano, bebemos cerveza japonesa y nos contamos qué ha sido de nuestras vidas en estos dos años. Como si hiciera falta. Es sentir todo lo que sentí un verano pasado, y una primavera, y otra vez.

45

Nos bebemos lo que queda de mi botella de vino tinto a las dos de la mañana, en el salón, con pizza que acabamos de calentar. La medicación, me dices, hace que estés ya por los suelos sobre las diez de la noche; sabiéndolo, aprecio mucho más lo que nos duran las noches: aprecio mucho más esta incapacidad a la hora de dormirnos, de acostarnos antes de las cinco, antes de que llegue el día.

Es la primera vez que me acuesto con alguien en esta casa. Me fumo un cigarrillo mientras te miro acurrucada entre mis sábanas, beso tu frente, vuelvo a tus labios, acaricio tu pelo con cuidado (no vayas a quedarte dormida). Nos entregamos hasta la extenuación, literalmente; llega el punto en que ya no puedes más, en que ya no aguantas el peso de tu cuerpo. Tiene que ser imposible sudar tanto en invierno. ¿Prefieres levantarte mañana temprano y aprovechar el día o quedarnos sin hacer nada? Ya veremos. No haremos nada: ese es el pacto implícito, la lectura entre líneas.

46

Nos conocimos por contactos en común; la primera vez que nos vimos fue en un Carrefour, durante el Orgullo, y por algún motivo no nos atrevimos a intercambiar palabra. Volvimos a vernos algunos días después y nos besamos por primera vez. Fui a Valencia aquel verano: quedamos un día, acabamos en la casa de tus padres, en calles numeradas como todas las de La Canyada y llenas, llenas, rodeadas de verde y descampados; quedamos al siguiente, quedamos en el jardín de Viveros. Empezó entonces una larga historia de mandarnos notas de voz borrachas, de desmentir que nos echáramos de menos, de evitar y buscar la presencia de la otra y, la mayoría de días, no atreverse —una vez más— a intercambiar palabra.

Nos volvimos a ver un año después, cuando yo ya llevaba algunos meses con Milena; nos vimos en Madrid durante apenas unas horas. Fuimos a los jardines del Retiro a no hacer nada. Volví a llorar cuando nos despedimos como no había llorado desde la última vez que nos despedíamos. Supe que no podría querer nunca a Milena más de lo que te quería a ti, habiéndonos visto tantas veces como puedo contar con los dedos de una mano.

Ahora que estás aquí, ahora que duermes, ahora que yo no puedo dormir, ahora en mi cama y ahora que te observo como haciéndome la dormida, sin saber si tú también lo estás haciendo y finges, sin saber si tú también lo ocultas: es ahora cuando sé que, si alguna vez he dudado sobre si alguien había sido o era un amor *necesario* en mi vida, eran tan solo dudas como resultado de la negación de lo que significas para mí. Sé que te habría elegido bajo todas las circunstancias y también sé que no lo he hecho. Pero prefiero no llorar o, al menos, no llorar hasta mañana. *Est atopos l'autre que j'aime et qui me fascine.*

47

La vida se ha cebado una y otra vez contigo: me cuentas siempre que te identificas con la narrativa de esos niños brillantes que deslumbran en la infancia y después acaban perdiendo todo su encanto al crecer, que (se) decepcionan al llegar la edad adulta, que son incapaces de seguir hasta el final con nada, que son incapaces de escribir; que ya te sentías la tonta de tu grupo de superdotados —*superdotados* es un sustantivo masculino que no admite la feminización— cuando te diagnosticaron y adelantaste un año de clases (entraste a la Universidad de Kent con diecisiete). Aparece a veces, no obstante, un cierto orgullo en cómo hablas, una curiosa capacidad —que también es mía— para creerse al mismo tiempo superior e inferior al resto del mundo, *surhomme et soushomme*; no, me corrijo: *surfemme et sousfemme*. Nunca había leído nada tuyo, pero lloro con la primera cosa que leo, un comentario crítico al trabajo final —que consistía en elaborar el primer capítulo de una novela imaginaria— de una asignatura de tu último año de grado. Tenemos recorridos tan distintos, tenemos recorridos tan parecidos; somos tan distintas y nos parecemos tanto. Me pregunto si nos estamos comunicando verdades cada vez que nos miramos. Dudo.

48

Tardamos bastante en aceptar que en algún momento tendremos que levantarnos de la cama: solo lo hago cuando sé que, si no me voy a la ducha, vas a llegar tarde; cuando sé que ya no nos queda tiempo. Cuando vuelvo nos vestimos y volvemos a besarnos, y vuelvo a colocarme encima de ti como suplicando que te quedes, y volvemos a desearnos como si tuviéramos la eternidad por delante, como si no se fuera todo a acabar en hora y media, como si no nos estuviéramos despidiendo. No quieres irte y yo no quiero que te vayas: me lo dice este momento, me lo narra este momento preciso en que tardamos algo más de la cuenta y casi perdemos el bus, me lo dice este momento preciso en la parada cuando aprovechamos cada segundo mirando de reojo por si está llegando el bus para no parar de besarnos y recorrernos la piel, para no volver al frío. Tiemblo porque visto la angustia de nervios y abro muchas veces los ojos para mirar porque no quiero que llegue el momento que busco (y por esto me riño y me discuto insistente a mí misma: no quiero ser Orfeo y no quiero que seas Eurídice). Acaba llegando, nos sentamos, te duermes un rato con la cabeza recostada en mi hombro mientras yo juego con tu pelo. No me importaría que no se acabara nunca este viaje, este bus.

49

Je te rencontre.

Je me souviens de toi. Cette ville était faite à la taille de l'amour. Nos empezamos a despedir a la salida del metro de Trocadéro. Antes del final, te pregunto si quieres ver la Torre Eiffel (ni siquiera hemos pasado por delante, ni por los Campos Elíseos; tan solo como una silueta en la noche, como un brillo, como una figura que observar desde las alturas). Nos acercamos allí un momento: buscamos el plano, el ángulo justo, que las cámaras estén apuntando, que la directora nos dé la entrada. Nos besamos una última vez en el fotograma perfecto.

Tu étais faite à la taille de mon corps même. Nos abrazamos. Nos decimos adiós. Toca despedirse. No sabemos cuándo volveremos a vernos; no sabemos cuándo. *Qui es tu? Tu me tues.* Nos besamos antes de que te vayas: besos lentos, besos rápidos, una incapacidad para despegar los labios, besos besos besos. *Déforme-moi à ton image afin qu'aucun autre, après toi, ne comprenne plus de tout le pourquoi de tant de désir.* Soy yo quien dice primero «Te quiero» y creo que no me oyes. La costumbre es responder con un «Yo también», pero no me has oído y tu respuesta es «Te quiero». Repetimos *te quiero* como intentando transmitirlo *todo* en tres sílabas, como queriendo decir todo lo que no nos hemos dicho en tres sílabas, como acordándonos de anoche, y de la noche de antes, y de esta mañana cuando nos abrazábamos, y de todas las noches que no hemos tenido ni tendremos, y del sudor y la desnudez. Y entonces te vas.

J'ai le temps. Je t'en prie. Rompo a llorar nada más entrar en el metro. Rompo a llorar incluso antes de entrar en el metro, como si me lo hubieran sacado todo, arrancado la carne, dado la vuelta absoluta a la piel y las entrañas, mis entrañas, las tuyas. Lloro cuando el asiento de al lado en la línea seis se queda vacío. Todavía veo tu cuerpo, grabado en la retina: todavía observo la luz de tu cuerpo que ha quedado escrita en mi retina.

50

Apenas hablamos sobre la familia, la religión, la muerte, me dice Théo, y se queda mirándome con una mezcla —que no sé muy bien cómo clasificar— de ternura y compasión.

En respuesta hablamos de eso, pero pareciera que no tocamos el tema. Yo lo reformularía: «Apenas hablo conmigo misma ni sobre la familia, ni sobre la religión, ni sobre la muerte». Como si estuviera cogiendo una parte de mí que duele y colocándola a mi lado, y desde ahí observándola y haciendo su estudio, y dedicando buena parte de mi vida a derivar sus consecuencias, examinar e investigar ese trozo de carne. Pero cuando hablo de ello no hablo de *lo que siento yo* o *lo que sentía yo* cuando tenía esa cosa dentro, sino del hecho objetivo que intento poder ver y que está ahora a mi lado, que quizá bien poco se asemeje a aquello que sea esencialmente esa gran masa sin forma —*muerte, religión, familia*—, pero que es la única manera que tengo de nombrarlo.

Porque nos centramos en la forma, Théo; en el método, en lo que nos hace sentir el método. Y hablar sobre la familia, la religión o la muerte sería hablar sobre el objeto, respondo mientras saco una papela y tabaco de liar y se lo acerco todo para que él líe un cigarrillo para mí.

51

Debatimos en clase de Ensayo sobre si es preferible ver la adaptación cinematográfica de una novela antes de leerla o al revés. Se esgrimen los típicos argumentos —a favor la enorme mayoría de leer antes la novela, *qu'est-ce qu'on peut attendre* de protofilólogos y protolingüistas— sobre la libertad de la lectura, el ejercicio de imaginación propia a partir del texto, la superioridad del original; todo esto hasta que Lucille se enfada y defiende a Kubrick, afirmando que son artes diferenciadas y que la pregunta es tramposa desde un primer momento porque implica en sí misma la premisa de la superioridad de la novela.

¿Por qué tenerle tal miedo al Otro? Me explico: insistir, insistir, insistir en leer la novela antes de ver la película. La necesidad de preferir la imaginación propia a la imaginación que pueda poseer otra persona; suponer que la imaginación que es exclusivamente *mía* —dicho aquí irónicamente: también está construida a partir de lo visto, de lo escuchado, de lo leído, de las concepciones de los demás, de la herencia recibida— es superior al imaginario colectivo de todos aquellos que han participado en la elaboración de una película, y que ver esa película va a contaminar para siempre la concepción del libro. ¿Tan débil es esa capacidad que el contacto con la interpretación del Otro, en vez de enriquecerla, la destrozará, volverá sumisa, dormida, inerte?

La gente tiene unos miedos ridículos. Nadie se atrevería a sostener que su visión fuera superior a todas las demás, pero nadie quiere tampoco que las visiones de los demás contaminen la suya propia. Como si.

Dejando de lado la reflexión teórica, la verdad es que yo tampoco querría.

52

Laura: (sí que te oí)

Laura: sí que te oí. no sé decir yo también solo sé decir te quiero.

53

Viene a París unos días Pablo, un amigo de Lola que está acabando el grado de Filosofía en la Complutense: fue a mi mismo instituto, conoce a todos mis profesores y resulta que una vez nos vimos mientras yo iba con Felipe a la fase autonómica de la Olimpiada Nacional de Filosofía. Se diría que nos conocemos de toda la vida. Gasto la tristeza bebiendo litros de cerveza, buscando terrazas bajo la lluvia cuando el Attirail está cerrado, pasando por el Franprix para meternos casualmente en los bolsillos bolitas de un queso dulcísimo que lleva miel por dentro, robando el humus de berenjena más asqueroso de la historia. Quedamos en el Pompidou para ir a la librería; ni pisamos las salas de exposiciones.

Cómo tiene que estar la izquierda para que, a más alcohol en el cuerpo, más nostalgia sintamos por la España de Zapatero.

Desvariamos. Lola y yo descubrimos que hemos mandado poemarios al mismo premio, comparamos —ninguna de las dos lo ganará, al final—, Pablo hace de juez y amiga. «A veces pienso que estás en un entramado secreto con nuestras psicólogas, que te han puesto ahí para ayudarnos y que nos des apoyo, para que no nos vengamos abajo.» Nos gritamos muy encendidamente sobre soberanía y pluralidad: yo llamo a Pablo liberal, él me llama autoritaria, los dos vamos a votar exactamente lo mismo en las elecciones generales, autonómicas, municipales y europeas.

«Mira, yo tengo un poema que escribí con diecisiete años en el cual me quejo, en este orden, de no ser Dios, de no ser una idea que se pueda pensar sin imágenes, de no ser una rama de la filosofía y de no poder generar un lenguaje absolutamente propio sin estar contaminada por la misma antinomia que eso implicaría en relación con el concepto de lenguaje.» Se ríe y se rinde en elogios. Tanto Lola como yo coincidimos en que tiene muy buen gusto, sería un excelente editor, «por qué no montas algo» decimos entre cigarrillo y cigarrillo; él no fuma (todavía). Nos lamentamos de nuestras vidas, de nuestras gestiones emocionales, de los fallos en la simulación, de la nieve en París que no tiene sentido.

Entre el Pompidou y los Gibert de la Place Saint-Michel, calculamos que Pablo debe de haberse llevado de París doscientos euros en libros.

54

Virginia Woolf no se interroga —y peca *casi* de estructuralista antes que los estructuralistas—: retiene su análisis en la consideración de un cuarto propio, en la posesión en sí misma de una habitación designada exteriormente como *perteneciente a*. Los códigos sociales no tienen por qué reflejarse en la experiencia vivida. ¿Qué hace de mi cuarto *mi* cuarto? ¿Que María no entre, que tan solo Laura haya pasado horas —en la cama, su mayoría— dentro, que esté manchado exclusivamente por mi presencia? ¿Que sea mi ropa y no la de María la que se queda en el suelo cuando llego y no tengo fuerzas para ordenarla, que el desorden sea el mío? Todo esto no ayuda a que se sienta como propio: no, no se siente como propio. Si el criterio de demarcación es la escritura, bien cierto es que escribo más ahí, pero eso no significa que sea *a causa de*: escribo también en el salón, en el metro, en clase, en bibliotecas, en cafés; escribo cuando *viene*. Escribo porque no considero ningún cuarto como propio.

¿No estaré acaso siendo reduccionista? Es evidente que sí. A veces me pasa: me tomo las cosas muy al pie de la letra, me enfado cuando no siguen mis esquemas, me cabreo cuando no se ciñe el mundo a mi rigidez y surgen imprevistos y la gente se sale de mis planes. No se refería a un cuarto literal. Estoy menospreciando a Virginia, estoy tirándola por tierra. Claro que no se refería un cuarto. Claro que yo tengo el cuarto al que se refería. Claro que lo tengo.

Pero siento mucho más las páginas que escribo como *propias* que las paredes en las cuales lo hago: como si, a través del blanco que voy rellenando en un procesador de texto —con cierto tipo de letra que me place especialmente, en un tamaño específico, con espaciado de una línea, no una y media ni dos, que me molestaría: una línea en blanco—, también yo asentara los cimientos. Como si una pantalla pudiera dar más cobijo que la vida en sí misma. Pero no es la pantalla: es siempre lo que en ella se escribe. Es siempre lo que en ella se escribe, ¿verdad?

Me he equivocado en mis juicios, antes, mucho antes. Aurore, a lo mejor he querido quererte porque eras perfecta para escribir; a lo mejor el error ha estado en desear que contribuyas no únicamente en tanto Musa, sino también con escenas, momentos, cosas a narrar; erigirte como algo más que mi interrupción discursiva. Théo, ¿acaso me sirves para otra cosa que como enmienda permanente a lo que escribo, como una manera de extenderlo, como una manera de obligarme a hacerlo «porque te veo cada semana y tengo que ir compartiendo contigo lo que hago?». Escribir no quita nunca el hecho de estar triste: escribir es tan solo una manera de soportarlo, de distanciarse, de situarse al lado de una misma, de controlarse y controlar las emociones. Escribir no es salvarse: escribir es *un paso al lado*.

Valgo para algo más que para la elaboración de belleza, ¿verdad? Y ni siquiera sé si sirvo para eso. Tú dime que sí. Dime que valgo para algo más que para crear belleza cual orfebre, lectora. Dime que soy algo más que la belleza que hilvano. Susúrrame al oído, lectora. ¿Soy algo más que las palabras bonitas que lees, que una construcción quizás elegante, que un manejo precoz *pero atendido* de mi idioma, de mi lengua materna, de la herencia? Quiero creer que sí, lectora. Dime que sí. Dime que sí.

¿Y, si es que sí, por qué no tengo nada *propio*?

55

Mamá y yo queremos ir a nadar al mar. Yo me quedo sola un rato en esta casa al lado de la playa, las paredes tan de arena como la arena misma. ¿Argelia? ¿Marruecos? Viene un hombre. Entra, inspecciona sin mirarme, hurga entre las cosas, las va cogiendo. Me hago la imbécil. «No te dejes nada en el abrigo del abuelo.» Se da cuenta de que *yo* me he dado cuenta. Viene a por mí. Busco mi paraguas que no está en ninguna parte. Intento encerrar al hombre que está dentro de mi casa; intento que se quede fuera *aunque esté dentro de mi casa*. Quiero encontrar algo con lo que golpearle, *pero no hay nada*. Viene a por mí y no puedo defenderme.

Y me despierto. *Il n'y a pas de hors-texte*.[5] Era todo una metáfora. No son ni las siete de la mañana, pero por culpa de esta pesadilla sé que no voy a tener energía para ir a la asamblea general de Tolbiac. «Apenas hablamos sobre la familia, la religión, la muerte.»

56

El tiempo se abre. Esto me repito a mí misma para ennoblecer vivir tan lejos del centro de París. El tiempo se despliega: *voici* el argumento de la obra. Según mi lógica, la acumulación de

---

5. «No existe el fuera de texto» o «no hay extratexto», la fórmula de Derrida.

trayectos largos —pongamos veinticinco minutos en el bus, línea 7 del SITUS, frecuencia variable; esto solo hasta llegar a la estación de tren— debería abrir una infinidad de momentos para leer. Con un ritmo sostenido y rápido de lectura durante las casi dos horas de viaje al día, la cantidad de libros que uno puede leer en un año habría de aumentar exponencialmente.

Si todo el mundo aprovechara su *navette* para leer, tendríamos entre manos una población ilustradísima: el universo entero se imaginaría a Anna Karenina tirándose a las vías del RER como causa de su *être rétenu·e en gare*; a Valéry como guía y referencia en lo sentimental; GF como Iglesia; la Biblioteca de la Pléiade como ciudad santa y amén. Lo siento: no tenemos eso, ni otorgándole tanto valor a la cultura como Francia supuestamente le otorga. Tenemos señores calvos marca blanca en traje azul, la precarización y el miedo y el asco de la *start-up nation*. Más arriba, el presidente iluminado por Ricœur. A lo mejor Macron comparte conmigo una cierta concepción novelesca de la vida, *temps et récit*, etcétera.

La condición de estos trayectos es su aceleración. Cada repetición sucede más rápido, se esfuma, se desvanece, estado gaseoso. Segunda condición: la de la memoria. Aquello que es similar a lo anterior, más que reactualizarse, se olvida una y otra vez hasta revenir a su primera forma, su primer recuerdo.

No me agrada *esta* memoria. Ni ser un muerto viviente. Ni las consecuencias de la *start-up nation*. *Qu'est-ce que j'en ai à foutre?* En consecuencia, leo. En medio año, en el RER, he leído a:

Laclos, Vivant Denon, Platón en un bus nocturno a las cuatro de la mañana rodeada de adolescentes, Sally Rooney, Elif Batuman, Gil de Biedma, Soupault, Camus, Vila-Matas, Didier Eribon, Chirbes, Queneau, Marta Sanz, Sara Mesa, Houellebecq, Breton.

Todos en papel, la enorme mayoría en libro de bolsillo. Leer un libro en ebook es casi una forma de desprecio. Tomar un libro en un dispositivo propio: apropiación integral del texto, negación de la presencia física del autor. Leer en ebook es quitarle al autor lo tangible de las manos. En la letra digital no hay sitio para el autor. Hagamos una simplificación de lo kantiano: el tiempo es la condición formal indispensable de la experiencia de todo fenómeno; el espacio, tan solo de los fenómenos externos. El ebook niega al libro su existencia independiente, su condición de fenómeno externo, la individualidad de cada libro (pues los reduce todos a datos contenidos en un aparato). *Il n'y a pas de hors-texte*: he aquí texto sin textura, texto sin experiencia, texto *numérique*. Es muy cruel, esto que hace el ebook.

Kant se quedaría anonadado con el metro de París. Reinvención total: *il faut être absolument postmoderne*.

57

DAU es la exposición-proyecto-artístico-experiencia del momento, del año, *the place to be* de la intelectualidad francesa, de los modernos, de todos los estudiantes con bolsa de tela de la

Sorbonne Nouvelle y de todos los que van a Saint-Charles y no a Tolbiac. Es la Unión Soviética en diferido, canalizada a través de figuras de cera, teatros en obras, setecientas horas de metraje, la recreación en Ucrania de un laboratorio y la disolución de la fina línea entre realidad y ficción. Mientras nos tomamos un vodka con piña —que ha subido desde la última vez que estuve: ahora cuesta cinco euros frente a los dos que valía a principios de febrero; se habrán dado cuenta de que no era sostenible ser exposición y, a la vez, el nuevo bar más barato de París—, una drag queen grita *silencio*, se la saca y empieza a mear en la parte inferior de la cantina (decorada a la soviética, claro).

No veo demasiado el vínculo con lo soviético, me dice Théo después, tras una «conferencia» anulada. A lo mejor es que es soviético en la estética —véase: la drag queen— y no así en la ética. Como un festival muy grande y sin dirección: un festival de arte contemporáneo, de conciertos contemporáneos, de performances, de conferencias. Lo tiene todo para encantar, pero padece las mismas enfermedades que los *gauchistes* universitarios, siguiendo la descripción de Elsa: falta de estructura, falta de dirección, falta de hilo conductor de las cosas, falta de organización. Problemas teóricamente muy poco soviéticos, pero la *praxis* de poner tu entrada veinticuatro horas a 75 euros ya es de por sí muy poco soviética. Théo y yo hemos venido gratis: tenemos contactos (es decir, Lola tiene una amiga que trabaja en el ayuntamiento).

En una de las muchas experiencias propuestas —cuando ya están tanto el Théâtre de Châtelet como el Théâtre de la

Ville abiertos, la gente deja de llamar al proyecto una *estafa* y yo me callo mi analogía con el Fyre Festival—, tu conversación con un *active listener* queda registrada como si de un interrogatorio policial se tratase. Estás en *garde à vue* (hasta te quitan el móvil y lo tienes que dejar en la entrada). Tu intimidad, tu autoficción, cualquier cosa que hayas dicho *será* y *podrá ser utilizada* como moneda de cambio: compartir esa grabación te abre la puerta a ver las grabaciones de los demás, sus intimidades, sus autoficciones, cualquier cosa que hayan dicho como moneda de cambio. A algunos —yo cambio, claro; yo *vendo mi intimidad*, yo cedo— les preguntan por su más bella historia de amor, a otros por su infancia; Théo me dice que ha hablado de la escritura, gran sorpresa. A mí me hacen contar recuerdos anodinos y cómo estos me hacen sentir. Como con mi psicóloga. Hay tres recuerdos: uno ficticio, dos reales. Se interesa más por lo ficticio. Es la primera vez que alguien le propone un recuerdo-ficción, me dice el *active listener*. Me decepciona un poco mi sesión de intimidad con un desconocido que no me entiende. No hurga. No hay llagas.

Jadis, lectora —qué transición, ¿verdad?—, admití por primera vez ser consciente del proceso de la existencia de este libro. Hasta lo llamé *memorias*, o *proyecto de*, no recuerdo bien (un rápido viaje hacia arriba, quizás a la izquierda para ti por costumbre occidental; en fin, un viaje algunas páginas más atrás y descubro que han sido dos veces: una, *ironías*, hablando de Madrid; otra, como un discurso ajeno, como el discurso de Théo). Algo parecido a lo de DAU hago contigo, compartiendo así mi vida, mis penas, mis sufrimientos y tribulaciones (qué melodramática). Sería insincero hacer como si ignorase estar escribiendo *para*. Hay recursos estilísticos que me reconozco a mí misma utilizando. Estetización forzosa de mi realidad colindante. «El artista rentabiliza lo real.»

Se me ocurre una diferencia con DAU: aquí no hay interés. No hay ni trueque ni moneda: a ti te entrego mi vida a cambio de nada, sin nada exigirte. Por ti me desnudo. No hay intención terapéutica. No hay sanación en estas páginas. No pienso curarme. No quiero curarme. Cierto, sé que quiero acordarme de las cosas, sé que así me acuerdo de las cosas, *tant qu'il le faudra*. Pero también está aquello que no cuento —sería insincero, lectora, hacer como si ignorara no estar escribiéndolo *todo*—: la parte de lo real que no rentabilizo. Leer mi versión de los días con Laura en nada se asemeja a vivirlos, por más que yo construya tal ilusión —¡una sinécdoque, una Unión Soviética en miniatura, un laboratorio en Ucrania!—, por más que te meta en mi piel: que te transmita, a través de los códigos convenidos de la literatura del amor, mi estado anímico y emocional.

¿Te gusta que me convierta en tu producto de consumo? ¿Te identificas conmigo? ¿Cómo me mirarías después de leer este libro? ¿Vas a querer reprocharme que eso no sucedió así tal cual lo estás contando? Prometo decir la verdad y nada más que la verdad. Lectora, ¿qué te ofrezco? Todo esto me importa muy poco. Tú, a riesgo de decepcionar(me)(te), quizá no deberías ni leerme. O leerme *para* nada. Leerme sin intención, sin admiración, sin identificarte. Pero afirmar que me lees así sería insincero, lectora.

Sería convertir tu lectura en otra moneda de cambio. Otra caída más del telón de acero, que ni en proyectos artísticos megalómanos se salva. Y qué infinito sinsentido intentar hablarte. *Il n'y a pas de hors-texte*, lectora, te repito una y otra vez; te lo repito para que sepas que no es a ti a quien escribo, que no es a ti a quien me dirijo.

No sé ni tu nombre.

58

Théo está cansado y hoy no nos tomamos cuatro pintas. Cojo el RER A en Gare de Lyon. Un músico se sube en Fontenay-sous-Bois: toca la guitarra y se queda en la plataforma intermedia entre las dos plantas del tren. Tardo en darme cuenta de que está cantando en español. En Madrid hay gente cantando en el transporte público todo el tiempo; hay mucha menos en París, en el RER casi nunca. Escucho lo que dice la balada, escucho su acento argentino, preparo la calderilla que llevo en el bolsillo.

Subo cuando queda poco para mi parada. Sin querer interrumpirle, le doy lo que llevo y, creyendo en algún tipo de fraternidad universal a todos los hispanohablantes, digo «Buenas noches». Inmediatamente me responde. «Buenas noches. Qué voz más linda tenés. ¿Quedamos luego?» Me despido con la mano sin decir nada más, casi avergonzada.

Todo iba bien hasta que ha intentado ligar conmigo. Ahora he quedado reducida a su Maga, a la chica de la chaqueta café, la boina burdeos y la entonación dulce. Ahora se imaginará buscándome, me pensará, se hará una paja esta noche proyectándose en el brevísimo recuerdo de cuando se cruzaron nuestras miradas: recreará en mis ojos un deseo que no existe, creerá que soy una aparición del destino, algo así; me sexualizará sacándome veinte años. No me acordaba: las interacciones efímeras son imposibles con los hombres. Todo es romántico. Todo cobra el cariz de lo sexual. Me escribirá una canción. Seré su Musa porque «qué voz más linda tenés». Se contará a sí mismo la historia de que a mí me gustan los hombres, que nos vamos a tomar algo, que nos emborrachamos.

Me despoja de mí misma. Me despoja de ser persona y *me convierte en mujer*. Porque esta es la cualidad de ser mujer: la desaparición de la belleza, la conversión en objeto de consumo, la caza disfrazada de ternura. Y porque en mi indiferencia también hay algo de orgullo: qué bien sentirse deseada, qué bien sentirse validada, qué bien que el sistema te diga «Qué voz más bonita tenés. Qué voz más bonita tenés». Bienvenida. Bienvenida. Estás dentro.

Sé que no lo va a hacer, pero me quedo en el punto ciego de la parada de bus hasta que una señora me pregunta con desdén si puedo fumar algo más lejos. Sé que no me va a seguir, que no va a entrar en mi mismo autobús, que no va a perseguirme hasta mi casa. Pero también sé que, por ridículo que resulte, este miedo puede ser universal: que no se puede saber qué surgirá a partir de tres frases. «Qué voz más bonita tenés» es la letra escarlata, la marca de hierro ardiente en la espalda de una bruja: es el recuerdo constante de que *eso* (tú) es ser mujer, y *esto* (yo, el hombre, el sujeto) es poseer, es tener, es ser, es todos los verbos que permanecen en primer plano.

Qué bonito es sentirse erotizada.

59

Es posible, hasta deseable, crecer lesbiana y trans y creerse legítima aspirante al trono universal. «Aspirar a la corona» no tiene por qué ser conjugado en tanto pretensión exclusiva de un hombre.

Un apartamento en Urano es un texto interesantísimo. Paul B. Preciado tiene la grandilocuencia de un hombre. No quiero hacer una enmienda a la totalidad de sus palabras, no quiero negar el derecho de autodeterminación que se enuncia al rezar «Yo no soy un hombre no soy una mujer no soy heterosexual no soy homosexual no soy bisexual; soy un disidente del sistema género-género; soy la multiplicidad del cosmos encerrada en un régimen político y epistemológico binario, y grito delante de vosotros; soy un uranista confinado en los límites del capitalismo tecnocientífico». Pero es una oración de cura. No hay monjas que ofrezcan misas. Por radical que sea en su disidencia, ahora Preciado por la calle es contemplado *en tanto que hombre* y ahora a mí me piropean desde un coche en marcha, se me acercan, me siguen por la calle de noche, intentan ligar conmigo. Diseccionando por partes la palabra santa, «Yo no soy un hombre» conlleva una carga política completamente diferente, como enunciado, que «Yo no soy una mujer». «Yo no soy un hombre», interpretado como afirmación que parte del cuerpo de Preciado, es la constatación de la alteridad, sí, pero también la negación de un privilegio que se le otorga. Puedes no ser un hombre. No pasa nada. Pero ahora las calles nocturnas son tuyas, *como para un hombre*; ahora no tienes por qué cambiar de acera ante un grupo de cinco pavos, *igual que un hombre*; ahora no eres el objeto de consumo que no paga por entrar en discotecas, *no como las mujeres*; ahora tienes una tribuna y escribes para *Libération* y eres el pensador trans más interesante de tu tiempo, *como los hombres*, «como los hombres son siempre los más interesantes de su tiempo, como los hombres ostentan siempre la corona»: según el artículo 57.1 de la Constitución Española, la sucesión en el trono seguirá el orden regular de primogenitura y representación, siendo preferida siempre la línea anterior a las posteriores; en la misma línea, el grado más próximo al más remoto; en el mismo grado, el varón a la mujer, y en el mismo sexo, la persona de más edad a la de menos.

La lectura de Preciado es siempre fascinante. *Testo yonqui* es un texto maravilloso que da ramalazos entre fuentes riquísimas de teoría profunda y pertinente y brotes inoportunos de misoginia rampante. Por aprecio teórico que te tenga, ¿con qué derecho, Preciado, te crees en la posición de reivindicar «la legendaria falta de valentía» de Virginia Woolf, de Audre Lorde, de Adrienne Rich, de Angela Davis, de Judith Butler? ¿Te crees, Preciado, un cuerpo frágil? No cuestiono si lo has sido. No cuestiono qué has sido, no cuestiono tu presencia interfronteriza. Pero ahora tienes un pasaporte.

En el último artículo del libro, publicado a principios de 2018 en Libération, Preciado dice «no habl[ar] aquí como un hombre que perteneciera a la clase dominante, de aquellos a quienes han asignado el género masculino al nacer, y que han sido educados como miembros de la clase gobernante, de aquellos a quienes se concede el derecho o más bien se les exige que ejerzan la soberanía masculina».

Paul B. Preciado tiene la grandilocuencia de un hombre. Sus artículos son el equivalente alternativo-posmo-radical al discurso del rey en Nochebuena. Como mujer, a mí habría de tocarme una postura mucho más humilde: de una línea posterior, de un grado más remoto, del género femenino y de menor edad.

Despentes le escribe a Preciado en el prefacio. Leerlo es, a ratos, casi demasiado íntimo; como una correspondencia ajena a la cual no deberías tener derecho. «Nadie pensaría en corregirse con un «perdón, madame» tras haberte llamado monsieur y después enredarse no sabiendo qué hacer; hoy eres trans y, cuando estamos juntos, aquello que me inquieta por encima de todo no es que los hombres te hablen mejor, es que las mujeres no se comportan de la misma manera; te adoran; antes las heteras no sabían qué pensar [...] ahora te adoran, paseen a su perro por la calle o vendan queso o sean camareras — te encuentran a su gusto, te lo hacen saber como hacen las mujeres.»

Se adora a Paul B. Preciado como a un libro de autoayuda infinitamente más complejo y que nos hace sentirnos mucho mejor con nosotros mismos. Adora la lectora a Paul B. Preciado porque, sea heterosexual o no, le encuentra a su gusto, se lo hace saber con pequeños detalles, porque esa pose queer-insurreccionalista-fronteriza es, como dice Despentes, *tan sexy*, porque ese orgullo es *tan sexy*.

Mi orgullo nunca será sexy. Tampoco aspiro al trono alternativo-posmo-radical. Se podrá apreciar, cuando sea reina, que lo he sido *a pesar de todo*: a pesar del artículo 57.1 de la Constitución, a pesar de ser mujer, a pesar de los hombres, a pesar del régimen farmacopornográfico, a pesar de no tener ni siquiera un Airbnb alquilado por tres días en Urano. Mucho más poderosa simbólicamente mi conquista, entonces. En la larga línea que va desde Paul B. Preciado —por enésima vez, rey alternativo-posmo-radical—, pasando por Felipe VI —rey preparado-155-borbón—, quizá fuera el hijo de mi tocaya quien mejor pudo prever la devisa de mi conquista ilegítima, de mi usurpación: *non sufficit orbis*. El mundo no basta.

Paul B. Preciado tiene la grandilocuencia de aquel a quien han reconocido como hombre. Yo tengo la grandilocuencia, bien distinta, de aquella a quien la sociedad ha reconocido como mujer: la mía nace de una violencia que sigue aquí, que se sigue viviendo, que no va a cerrarse. Que se quede con la frontera: mi territorio es el mar, mi legado legítimo aquella «legendaria falta de valentía». Yo seré reina para que no queden más reyes en el mundo. Porque yo también, Preciado, quizá tanto más que tú, puedo decir que *soy*, en presente, en singular, amante del pecho abierto. No voy a insinuar que cada vez que respire cometa un acto revolucionario. No voy a arrastrar a la humanidad a un mundo nuevo, ni voy a anunciarme precoz, visionaria, profeta. No: yo, hija de mi siglo, niña del dos mil, consciente de que nunca podré dar a luz a ese «planeta lejano donde los niños de la bala puedan vivir», tan solo pido reinar sobre este. Yo viviré por tener la bala en el pecho.

60

Como parte del tratamiento trimestralmente tengo que pincharme Decapeptyl. En la cajita viene un vial de polvo con 11,25 mg de pamoato de triptorelina, una ampolla con 2 ml de disolvente, 1 blíster con 1 jeringa para la inyección y 2 agujas de inyección. La inyección es intramuscular. Como efectos adversos, en una gradación de mayor a menor frecuencia: debilidad, reducción de la libido, impotencia, mareos, dolor de cabeza, depresión, cambios de humor, consciencia de los latidos del corazón como Sylvia Plath, vértigo, estremecimientos intensos, dolor, incapacidad para dormir, irritabilidad, sangrado de la nariz, pérdida de memoria, confusión, euforia, ansiedad, malestar general, dolor en el abdomen, dolor, sofocos, cambios de humor, dolor en el pecho, dolor, alteraciones del humor, depresión, nerviosismo.

Preparo todo, me lavo las manos durante un minuto entero, limpio la zona con un disco desmaquillante que he impregnado con alcohol comprado esta mañana en la farmacia, saco aire de la jeringuilla, suelto una ínfima cantidad de triptorelina sin querer, tardo en pincharme en el muslo, en seguir las instrucciones, el ángulo exacto, me pincho en el muslo.

Me lavo las manos y recojo la mesa con la tensión del líquido todavía dentro del muslo.

Me enciendo un cigarrillo. Ser trans y no tener que decírselo constantemente al mundo significa algunas cosas más que una ligera desviación trimestral de la rutina, sí, pero hoy se reduce a eso. Me preocupa si he conseguido una buena asepsia. La inyección mal realizada podría derivar, según Google, en la necrosis de la pierna.

61

La Cocarde pasa por Tolbiac algo antes de las ocho de la mañana y se queda durante quince minutos (lo que tardan en recibir veinte gritos).

La universidad es el reflejo de la sociedad: por ello es eminentemente política. Cincuenta años después del Mayo del 68, Francia, igual que la universidad, se ve atrapada en la pinza de dos fuerzas aparentemente opuestas, pero que marchan de la mano: una izquierda progresista cuya obsesión es la reconstrucción de la identidad francesa, que ataca la universidad a golpe de igualitarismo, de comunitarismo y de delirios de todo «género». Del otro, un extremo-centro liberal que quiere hacer de Francia una nación de consumidores sin raíces, una «start-up nation», y de la universidad una empresa como cualquier otra, competitiva y rentable. Es urgente constituir un bloque auténticamente de derechas, preparado para llevar a cabo una revolución conservadora. Identidad, civilización, patria, comunidades naturales, bien común, trascendencia y raíces: contra el bloqueo de la facultad, el comunitarismo, la ocupación clandestina, el igualitarismo y la ideología de género.

Entre los *gauchistes* se habla de infiltrar la Cocarde (personalmente, no me sentiría creíble). La Cocarde me recuerda a Le Pen, que me recuerda tangencialmente a Vox, que me recuerda a demasiadas cosas como para reírme yo también; o, al menos, hasta la sentencia final de una militante: «su manifiesto, su nombre: todo traduce muy bien el embrollo intelectual que reina entre ellos; a mí me gusta, devuelve el absurdo al panorama literario». Me encanta la noción: pensar en la altright como la fuerza que hace de la vida una literatura del absurdo. Me gustaría más si no hubiera venido la Action Française[6] a Tolbiac el viernes pasado e intentado agredir a unos cuantos militantes e incluso al personal de seguridad; me gustaría más si no se sintieran en el derecho de volver a repetir la hazaña este viernes, si la Cocarde tuviera algo de vergüenza como para *no aprovechar* el ataque de un grupo de extrema derecha con tal de hacer ellos su propaganda. Pero no puede gustarme ni hacerme gracia: lo único que suscita en mí, que no es

6. La Action Française es un grupo de extrema-derecha monarquista (de los *orléanistes*, en concreto). Su lema es «Todo lo que es nacional es nuestro». Nació, cómo no, durante el affaire Dreyfus; antisemitas de corazón y no de afición. Apoyó, cómo no, al régimen de Vichy y al mariscal Pétain. Larguísima historia de medallas (¡cocardes!), conmemoraciones y logros; que no se me acuse después de propagar leyenda negra.

poco —es más, como aglutinante funciona de maravilla—, es rabia.

Según el comunicado oficial que la Action Française cuelga en redes poco después, «como todos los viernes, sus militantes fueron a Tolbiac a vender su revista a los estudiantes; después de algunos minutos, un grupo de militantes antifascistas equipados de bates, cascos y una bomba lacrimógena salieron de la facultad para atacar a los vendedores, que pudieron defenderse a golpe de paraguas mientras los antifascistas de la facultad les lanzaban adoquines y botellas».

Es, definitivamente, el regreso del absurdo al panorama literario. Viva el rey. Juan de Orleans, supongo; Enrique de Orleans murió mientras yo estaba en Tolbiac, discutiendo en clase el concepto griego de *isonomia*, la problematización de la igualdad y las formas de gobierno (monarquía, aristocracia, democracia; tiranía, oligarquía, demagogia). Recibí allí una definición errada de lo que era la monarquía; ignorando, pobre yo, que en la página web de la Action Française la monarquía queda definida como «la democracia más uno».

Tendría que haberme comprado un bate, un casco y una bomba lacrimógena; o, en su defecto, mi propio paraguas.

62

Después de Metodología hablo con Aurore, Blanche y Théo en la fosa de Tolbiac. Théo está intentando explicarles su concepto del *souterrain* («la cantidad innumerable de conexiones, entre toda esta gente...»). Creo que no hemos llevado la metáfora a sus límites, digo yo. Suena extremadamente cliché, pero si tuviera que describir las relaciones entre la gente lo haría a través de hilos que los unen, dice Aurore. Como en los ejercicios de teatro con un ovillo rojo, digo yo. Sí, sí, exacto. ¿Entonces las líneas serían cada uno de los individuos?, pregunta Blanche. No me gustaría ser la siete, dice Théo. No, no, las líneas son las relaciones, digo yo, tómalo en un sentido mucho más abstracto: los individuos son estaciones, estaciones de metro. La línea seis es bonita, sale al exterior, puedes apreciar el paisaje, dice Blanche. Bueno, pero podríamos plantearnos quién sería cada estación, digo yo, a mí no me gustaría ser Châtelet-Les Halles. Théo me sonríe imaginándose quién podría ser Châtelet-Les Halles. Creo que el metro, en ese sentido de relaciones subterráneas, es una cosa muy del deseo, muy del amor, digo yo. Hay casi un lado erótico, dice Théo, o... de no haber superado la fase anal, que diría Freud. Bueno. Lo vuelvo a repetir: no hemos ido lo suficientemente lejos con la metáfora. ¿Qué sería el RER? Para mí, el RER son relaciones mucho más transitorias, espontáneas, sin conexiones: en el RER hay deshumanización, hay distancia, hay cierto asco, hay contacto entre los cuerpos, hay desdén. ¿Segura?, me pregunta Théo: también va más lejos, sale del centro, llega hasta la periferia... Ya, pero lo transita mucha más gente: el RER es lo fácil, digo yo. El RER es Tinder, dice Théo; el RER es para aquellos que no tienen otra alternativa, que se conforman con eso. No estoy en absoluto de acuerdo con lo que dices sobre Tinder, replica Aurore, no tiene por qué ser una resignación.

Bueno, admitirás que hay un lado de resignación, *quand même*. Blanche tampoco está de acuerdo. Concedo razón a la postura de Aurore y Blanche: Théo es un poco *vieux con* a veces. Esta parte de la metáfora no nos convence y Aurore y yo nos apartamos un momento a desarrollar otra: los revisores. No estoy de acuerdo con sus exposiciones iniciales. Presiono, poco a poco; incido hasta que llega a donde quiero que llegue, y una vez ha llegado se lo planteamos al resto (mi intención es que sonría Théo, mi intención es que se dé cuenta de lo que he manejado, de mi conducción como directora de orquesta, de la *distancia* que tomo respecto al texto que escribo). Le dejo a Aurore toda la explicación. «Si tomamos la metáfora de las líneas de metro como relaciones, como relaciones amorosas, los revisores son señales que vienen y te recuerdan que no has validado tu billete, o tu tarjeta transporte, y que no estás preparado, que te has saltado cosas, que a lo mejor este no es el momento por cualquier problema que tú tengas o que te pase para que te estés montando en esta línea, en este tren. Yo lo de los revisores lo veo casi como una proyección del viajero en sí mismo.» No convence a nadie menos a Aurore y a mí. Me pregunto si Aurore se da cuenta de la polisemia; probablemente no, porque ella no lo deja por escrito, ella no lo vive *como un texto*: no se dará cuenta de cómo encaja lo que ha dicho con lo que ha sido el desarrollo de nuestro contacto, separación, línea, revisor, metro, vagón, bajarse en paradas distintas, coger líneas distintas. *Il n'y a pas de hors-texte.* Todo está y todo queda en la narrativa que ella ahora me intenta robar. Quiere también ser escritora, quiere dirigir, tocar con los dedos la dirección de las palabras. Desarrollo, contacto, separación, epígrafe, línea, corrección, página, capítulo, acabar con una caída, *la chute*, vidas separadas. ¿Se da cuenta de la polisemia? Probablemente no. Por mucho que me quiera robar mi papel, ella no vive este atraco *como algo para ser escrito*. Se irá.

O quizá lo ha dicho *precisamente* porque sabe que yo voy a dudar: sabe que no voy a saber si ella *está en el juego* o si está absolutamente fuera, como siempre. «Entonces podré dormir tranquila, si tú no concibes el significado de las metáforas.» Me tuvo en la palma de su mano. Incluso ha vuelto a recuperar algo de su encanto, bastante de su encanto. Ese es el peligro de las metáforas.

63

Théo: Marcho a Montpellier antes de lo previsto.
Théo: Lo siento. Es un poco precipitado, así, de la nada, pero necesito ya las vacaciones. Queda exagerado, pero noto cómo toco con los dedos el burnout. No puedo más.
Théo: Nos vemos en semana y media.

Qué egoísta, Théo. ¿Qué te espera en Montpellier? Da la sensación, me da *a mí* la sensación, de que quieres encontrar algo en Montpellier que ya no existe. Eres como María diciéndome que está pensando en comprar un billete de bus para pasar las vacaciones en Madrid, María comprando el billete delante de mí, yo diciéndole a María que lo haga, yo sabiendo que en ningún momento voy a tener el más mínimo impulso de ir también. Eres como María diciéndome que quiere darles una sorpresa a todos, que no ha avisado a nadie, que está debajo de la ventana de Sara pero ni siquiera se atreve a decirle que está allí, diciéndome que se va a volver a París sin dar señales de vida, «vas a acabar durmiendo en un banco una semana entera simplemente por no pasar la vergüenza de ver a Sara o ir a tu casa». Yo lo entiendo. No *puedo* ir a Londres con Laura, no *quiero* volver a Madrid, no *tengo* nada, todo se cae de mis manos, no *hay* nada.

Preferir esta ciudad es autolesivo, sí, claro, hay que admitirlo. Es un código impuesto, una máxima, un imperativo: como los pilares de mi vida o están ausentes o no existen —el amor, la escritura, el pensamiento; en ningún orden específico—, o bien el acceso a ellos me es imposible, mendigo oportunidades de beber y distraerme que no llegan. Me quedo aquí. Me quedo esperando a la obligación de la rutina. Me quedo aquí. Renuncio a tener interacciones con seres humanos más allá de *bonjour*, cajera del LIDL. Me planto.

Qué egoísta. ¿Qué ficción hay en París como para quedarte y privar a quienes quieres de tu presencia? Da la sensación de que quieres encontrar algo en París que ya no existe, que dejó de existir hace mucho.

64

Pablo,

algo malo/bueno de las nuevas tecnologías es la disponibilidad inmediata de los recuerdos. Con la apertura de un par de pestañas de Instagram puedes acceder a cada instante que has decidido guardar, fuere en forma de brevísimo vídeo o como cuadrado fotográfico. Cada comentario es un trocito mínimo de un alma. Ya hay casos de comentarios que perduran más allá de la muerte del emisor. Internet no es eterno, pero a lo eterno se asemeja.

Notarás que estoy sentimental. Hay una foto de este año en la que estáis todos juntos, o casi. Se me hace rarísimo. El pie de foto es «familia». El pie de foto me destroza.

No me permito llorar, pero es que a lo mejor no he dejado que me veáis llorar lo suficiente. Os quiero muchísimo y me duele no estar. Me duele saber que me voy a perder tantas, tantísimas cosas; que en muchas ocasiones no formaré parte del sustantivo «familia» más que como una ausencia (o ni eso). Me duele que a veces esto no me duela, pero es que imaginarme que no os duela a vosotros es todavía más insoportable. No os tengo en la cabeza todo el rato. Sé que vosotros a mí tampoco. Y es muy difícil que ser consciente de eso no sea un puñal en el pecho.

Os quiero. No voy a poder disfrutar de vosotros todo lo que quisiera a finales de este mes, pero os quiero, y lo repito, y lo repito porque no lo digo lo suficiente, porque no basta, porque normalmente cuando tú me lo dices yo soy incapaz de responder lo mismo, cuando alguien me lo dice yo soy incapaz de dar la réplica: os quiero y os echo de menos.

No puedo no llorar cuando escucho la canción que me hiciste por mi cumpleaños. O cuando pienso en ella siquiera. No creo que ninguno de los dos nos imagináramos las cosas mientras tú cantabas «a ver si te vas ya a París y no vuelves nunca más». Era una idea, una posibilidad, un sueño; no era nada. No había peso al cantar eso. Ya no. Ya cumplí. Ya me he ido.

Por eso es cruel lo que antes era tierno. Encadenar esa frase sobre París con «qué te voy a contar / si sabes que es verdad / cuando te digo que te quiero / y que sé que tú me quieres más». Echo tanto en falta la rutina contigo. Echo de menos todo contigo y a veces me descubro susurrándome que ojalá estuvieras aquí. Porque no sé si nunca volveré del todo a Madrid, pero sé que te quiero demasiado como para perderte y como para perderte por eso, estemos donde estemos.

Por favor, no te vayas nunca demasiado lejos.

Bien à toi,

ELIZABETH

65

Querría estar en Madrid. Es 8 de marzo y el único pensamiento que recorre mi cabeza es este: querría estar en Madrid, bajar con la madre de Pablo a la cacerolada de las doce como el año pasado, no poder moverme en medio de la manifestación desbordada, gritar frente a Justicia, gritar frente a Sanidad, seguir indignada ante la sentencia de un juicio de hace un año y también frente a unas cuantas nuevas sentencias que deben de haber ido apareciendo. Cuando las feministas francesas cuelgan una pancarta en el monumento a la República, cambiándole el nombre a la plaza por unas horas a Place des Sorcières, yo me siento otra. Sé que mi sitio ahora está aquí, pero *yo* querría estar en otra parte.

Me lío a discutir con un amigo marxista que denigra la huelga de hoy en España diciendo que se ha desinflado, que va a acabar siendo una cabalgata como el Orgullo. Me dice que no hay nada más cómodo que el revisionismo; yo, que no hay nada más cómodo que la inútil ortodoxia. Yo digo que los leninistas son absolutamente irrelevantes; él, que todo es un juego de masas sin sentido; yo, que puede seguir creyendo ser el portador único y absoluto de la Verdad sobre el pueblo, que al parecer es medio tonto; él no me responde. Abandona la conversación. Después, a través de indirectas en Twitter, me llama moralista, pequeñoburguesa, pedante.

Como unos dulces típicos de Argelia con Elsa antes de la *marche de nuit*. Para no tener que aplaudir discursos con los que no estoy de acuerdo, me enciendo un cigarrillo. Escucho algunas proclamas en español, me emociono, grito: descubro que son Lola y sus compañeras de piso. El mundo se repliega sobre sí mismo. Todo es pequeñito, muy pequeñito; todas nos morimos por estar en Madrid.

Duermo en casa de Elsa después de la manifestación. Cenamos tortellinis, vemos películas y nos acostamos en camas separadas. Los dos lexemas que contenía la erótica de la revolución han muerto. Borrados. Recordándonos en el sofá, tocando con mi mano su pierna desnuda y con ella acostada sobre mí, me pregunto cómo se puede morir tan rápido, tan levemente.

66

Ha empezado hace dos días un ciclo de Mercurio en trayectoria retrógrada: según la astrología twittera, este movimiento planetario se manifiesta a través de mensajes de ex, amantes pasados y fracasos absolutos en la comunicación humana, en todo lenguaje. Esto es así.

En 1983, Michael Snow lanzó el cortometraje experimental *So Is This*, una experiencia contenida única y exclusivamente en los límites de la palabra y del tiempo, de la *durée* bergsoniana. Como si cada palabra que yo escribiera estuviera definida en eltiempoquedoyquemarcoyelijoparaleerla. *En Français le titre de ce film sera: ceci est le titre de ce film. L'auteur aime beaucoup le mot «ceci». Finalement, peut-êtreletitredecefilmdevraitêtre «ceci».*

Le escribo un mensaje a Cecilia después de cuatro meses.

Cecilia: Cuánto llevas con insomnio?

Elizabeth: depende de lo que categoricemos como insomnio. hoy está siendo particularmente agudo

Cecilia: Los astros se alinean para todos, supongo

Elizabeth: buen punto si reducimos la propuesta solo al verbo

Cecilia: Buena perspectiva si simplificas mi pensamiento

Elizabeth: manera válida como cualquier otra de convertir toda conversación en una pelea

Quedamos en République. Va con coleta, unas gafas redondas que no son suyas —«¿Y tú desde cuándo llevas gafas o te gustan las gafas?», pregunto—, un abrigo beige, un envoltorio insoportable de *bobo* parisina. Ahora vive en République con su novio: se llama Juan y es medio francés, medio colombiano; sabiendo que viven en République y tienen espacio y terraza y ella se sube al tejado pues hago el chiste obligatorio en relación con la cocaína para burlarme de lo ridículo que es asociar Colombia y la cocaína, en fin, están buscando otro piso que seguro acabará estando en uno de estos barrios del centro de la caracola porque tienen dinero o, más bien, él tiene dinero. Acabamos bebiendo en una terraza. No se toma tan en serio su relación. Sin el *tan*: no se toma en serio su relación. Es un experimento consigo misma, un entrenamiento. «No es fácil estar conmigo.» Qué me vas a contar. No se toma en serio su relación y sabe que no es para siempre. Empezó como algo abierto, «ya lo decíamos, lo hablábamos por teléfono a las cuatro de la mañana, yo soy un poquito más mojigata y tú, Cecilia, tienes una ética mucho más libertaria como para gustarte tanto rezar en iglesias y haber ido a las Jornadas Mundiales de la Juventud», pero luego se dio cuenta de que él no sería capaz de soportarlo. Soportar la relación abierta. Ahora son pareja cerrada. Suena rarísimo. Cecilia. Pareja. Cecilia *et son mec*. Cecilia *tengo novio*. Le leo mis cosas sin que plantee objeciones. Le leo mis cartas a Laura y se emociona porque es como si también sintiera ella lo que yo siento, y verme enamorada, y verme así, es enamorarse ella también. Bebemos más. Es la primera vez que bebemos, lo cual es absurdo, es absurdo pensar que nos ha dado tiempo a quedarnos encerradas en los jardines de Sabatini, correr la una detrás de la otra, mordernos el cuello con fuerza y tirar del labio menor; «pero es así, es así, además era invierno y hacía frío». Coge el cigarrillo que abandono un instante sobre el cenicero y le da una calada sin toser. Le doy un cigarrillo y fuma conmigo por primera vez; es la primera vez que veo que fuma. Bebemos, fumamos, tenemos dieciocho, nos hemos independizado y somos perfectamente Virgo las dos. No le gusta este tabaco, pero ahora fuma. Yo le había prometido que dejaría de fumar antes de pedirle amablemente que desapareciera de mi vida. Ni una cosa ni la otra. «Es la conversación más agradable que tengo contigo en mucho tiempo. Es la velada más agradable que tengo contigo en mucho tiempo.»

Algo después de las once, antes de que ella se vaya andando hasta su casa y yo entre en el metro, me lanzo a su boca. Nos besamos. Esta vez no me arrepiento. Sé que probablemente no nos veamos en otros cuatro meses. Poco importa. «Hasta dentro de cuatro meses.» No lo creo. Sí lo creo. Poco importa.

Cecilia: Juan me ha besado y me ha dicho, entre risas, «sabes a Elizabeth».
Cecilia: Y no he sabido qué responder.

67

Voy al consulado a rogar el voto para las elecciones generales. Me las ingenio para llegar a Orly con varias horas de antelación: como sola en un McDonald's, fumo y me tomo un selfie para subirlo a Instagram riéndome de cuánto la sala de fumadores de Orly se parece al patio de un centro penitenciario. Sentada al fondo del avión viaja conmigo una horda de adolescentes parisinos que aprovechan el buen tiempo para ir de viaje escolar a Madrid. Toda simpatía que pudiera tener por la juventud se ha esfumado ya. Me he hecho vieja. Me fui de Erasmus hace dos años, la primera vez que estuve en París, pero quiero que se callen. Que se callen, por favor.

Llego a Madrid a las cinco y algo y me recogen mis padres. Vamos a casa en coche. Bromeo como si estuviera genuinamente contenta: «Qué bien, pisar mi ciudad antes de que gane la derecha y me exilie ya del todo». Llegamos al centro. Fumo con mi padre en la cocina mientras picoteo algo y mi madre nos mira. Ella no oculta lo genuinamente contenta que está de tenerme aquí; no pasa nada, eso está bien: cada una tiene su manera de sobrellevar las cosas.

Mi madre había tenido dos hijos de un matrimonio anterior antes de que llegara yo. Al principio me preocupaba, claro, cómo se manifestaría el síndrome del nido vacío una vez yo me fuera a París. Creo que nunca ha llegado a hacerse del todo a la idea de que tiene que transformar su vida ahora que yo estoy fuera. Más allá de breves excepciones, ¿cómo te *reinventas* si tu razón de ser lleva siendo, desde antes de la veintena, ocuparte de tus hijos? Las clases acomodadas lo llaman *aburrimiento* o incluso *anhedonia*, mi madre lo llamaría *vacío* y yo, a medio camino entre una cosa y la otra, entre mi país y otro distinto, lo llamo *ennui*. Mi madre, bajo otras circunstancias, podría tener aficiones como el cine, la pintura, los libros: podría leer *Madame Bovary* y verse reflejada, tomar el té con las amigas, ir al Círculo de Bellas Artes, debatir sobre lo que sea que debatan aquellos que se creen intelectuales por derecho de clase. Me pide, en vez de eso, recomendaciones de libros a mí —que ni soy librera ni sé nunca qué recomendarle—, lee novela erótica y romántica (se quedó fascinada con *Cincuenta sombras de Grey*), mira la tele, va a la peluquería y se va de compras.

Pienso, muchas veces, en preguntarle si tiene amigas, o si se ha planteado ir al psicólogo. Me imagino animándola a encontrar gente, hacer nuevas amistades, ampliar sus círculos «e ir al psicólogo. Creo que te vendría muy bien ir al psicólogo». Ella me respondería, como me ha respondido en otras ocasiones, que no está loca. «Ir al psicólogo no tiene nada que ver con estar loca, mamá.» Me imagino estando aquí para decírselo, día tras día, con tal de convencerla.

No lo hago, claro: porque no puedo cargar con mi propio peso y el peso de mi madre. Supongo que me fui de aquí para no tener que cargar con el peso de nadie que no fuera yo misma. Me he desensibilizado por completo de los asuntos de mi propia casa: la última vez que lloré aquí fue algunas horas antes de irme a París, mientras cenaba, cuando se me formó un nudo en la garganta y era incapaz de tragar. No estaba triste por irme: *quería* irme; lo necesitaba, más bien. Era otra cosa.

Yo siempre estoy bien, mamá. Todo está bien en París, como siempre lo ha estado. No te preocupes. Pregunto, claro, qué tal le va todo, como si fuera ella a contarme algo nuevo. Como no puedo decirle que vaya al psicólogo o que amplíe sus círculos, sé que acabaremos resolviendo la cuestión con un abrazo o dos besos.

Claro que no me falta de nada, mamá; fíjate, ya ni siquiera hace frío: el sol empieza a salir, de vez en cuando, y los días son más largos, y te quiero, y no querría nunca volver a casa, y menos aún tener que explicarte por qué esas dos afirmaciones se basan en exactamente lo mismo.

Dejemos el tema de la familia.

68

Me tomo un vino con Pablo poco antes de que empiecen a cerrar los bares de Ópera (es jueves, es noche). Reímos, hablamos de Marieta, del resto, hablo de Laura. He añorado mucho a Pablo: lo suficiente como para esperar media hora en Sol y no echárselo en cara. Paseamos un rato hasta que cada uno se va a su casa.

¿Cómo podría alguien escribir aquello que ha perdido todo su significado? Madrid ya no es ni siquiera pasado. Madrid no existe. Suena Jacques Brel: *heureux les amants séparés, heureux les amants épargnés, les amants que nous sommes.*

69

Paso por el San Isidro a saludar. Me tomo un café con Felipe, mi antiguo profesor de Filosofía. Es la primera vez que estoy en mi instituto sin ser ya alumna: como si una barrera infranqueable hubiera aparecido entre toda esta gente —y algunos serán ya mayores que yo— que llena cada planta y mi persona. Cuando salgo voy a casa de Pablo: igual que antes. Fumo en su cocina, me prepara café, tomamos zumo de clementina, le doy una taza de regalo a su madre. Sé que esto no va a durar, pero intento disfrutar cada pequeño momento igual a mi vida de hace un año. Sé que no puede durar.

70

Paso la noche del sábado bailando techno en una pinchada que hacen en La Yaya, un centro social okupado de Argüelles. A las tres de la mañana se presenta la policía a las puertas del local: la música se apaga, todo el mundo se sienta, las puertas se cierran, fumamos sin hacer mucho ruido, algunos están de bajona porque no hay otra manera de contener todo el amor que irradian sus cuerpos que no sea tumbarse y cerrar los ojitos. Bebemos y hablamos de nada en particular mientras se forma un curioso coro de fricativas palatales sordas pidiendo silencio y haciendo más ruido que la gente al conversar. Hablaré de esto después con María, claro. La intrascendencia me pone nerviosa y no podría soportarlo sin alcohol en el cuerpo.

¿Desde cuándo somos así? No hacemos nada. Estamos senta-
dos en grupo, se lían un porro, fuman, beben, jugamos a las
cartas, jugamos a un juego absolutamente genérico: acciones
que podría realizar cualquier otra persona, o bien autómatas,
porque en nada influye quien las haga. Es que ya me irrita.
Estoy perdiendo mi tiempo. María me dirá que esto siempre
ha sido así, que a lo mejor soy yo la que ha cambiado; que,
cuando vuelva a Madrid en verano y esa rutina no me sea tan
ajena, será otra cosa. «Bueno. Es que a lo mejor no quiero que
sea otra cosa. Es que a lo mejor ya estoy harta y punto.»

Me fumo un cigarrillo en lo que dura la calle de Alberto
Aguilera mientras vuelvo a casa a las seis de la mañana. Tuve a
las diez una mesa redonda sobre poesía y cuerpos en el marco
del Festival de Poesía Joven de Alcalá de Henares, así que llevo
ya casi veinticuatro horas despierta: no es para tanto y por no
estar no estoy ni cansada. No fueron ninguna de las personas
con las que he estado bailando techno hoy: ninguno de mis
amigos. Luego me tomé una cerveza. Luego me hicieron unas
fotos. Luego ayudé a preparar la celebración —si es que así se
le puede llamar— del cumpleaños de Tamara. Luego el techno. Creo que bailar fue prácticamente el único momento
agradable del día: la voz en off de mi cabeza se apagaba y podía
poner en pausa el monólogo interno, no como ahora que intento dormirme sin éxito; en vez de pensar estaba contenta, y
me divertía, y movía los brazos y todo el cuerpo siguiendo la
forma en que la música resonaba en mi cabeza y en mi corazón y al día siguiente yo creo que mañana seguro que me estaré lavando los dientes por la mañana aunque no tenga nada

que hacer hasta por la tarde pero yo me estaré lavando los dientes y en mi cabeza escucharé el chunda chunda chunda que es así como una onomatopeya clásica y graciosa que a lo mejor me ayuda a dormirme como cuando cuentas las ovejas y así no pensaré ni en la soledad ni en Madrid ni en la poesía ni en el chunda chunda siquiera —porque en el chunda chunda no se piensa— y no tendré estas ganas de fumarme otro puto cigarrillo antes de que amanezca.

71

Elizabeth: [Nota de voz] Bueno, por fin he podido leer todos los mensajes, y ver... que nadie respondió en este grupo al mensaje de Pablo, ni en el otro, nadie me escribió diciéndome siquiera que no iba... apenas nadie, que no iba a venir a la mesa redonda, en fin, a las cuatro personas que he visto en persona bueno, otro tema, ya me lo han dicho, pero eso, nadie me escribió, nadie me dijo nada, «Lo siento, no voy a poder ir porque estoy muy liada, buena suerte», no, al parecer todo el mundo en este grupo pasó del mensaje de Pablo, y nadie tuvo... ya no el valor, sino... la decencia de ir de cara, de hablarme directamente y mantener una cierta comunicación, ¿no? que, en fin, no es este un mensaje que grabe con ningún tipo de rencor, pero una cosa que está bien, por regla general, es decirse las cosas, y creo, incluso si antes del Festival nadie me escribió nada... después de que yo subiera una story a mi cuenta candado de Instagram diciendo que me había dolido... sí que me habría gustado al menos tener... una, ¡una! una única respuesta de gente, ¿no?...

mmm... que es, como... que se tiene que criticar la dejadez de este grupo, en general, y una de las consecuencias de la dejadez es que parece que las personas no te importan, y eso también lo decía yo, que si hubiera sido cualquiera de vosotros... ni siquiera digo si habría ido, a lo mejor habría tenido cosas, yo qué sé, tengo trabajos que entregar el jueves, pero habría mandado un mensaje: habría dicho «No puedo, no puedo ir»; y yo se lo dije a otros amigos, y esos tampoco fueron, pero me escribieron, pensaron que eso a mí me podría doler, ¿no? y bueno, toda esta cuestión de... del distanciamiento, de la lejanía, entiendo... no sé, no sé, tampoco hay mucho más que decir, pero no... yo... yo me planteo, con... lo que ya he dicho, cuál es el sentido de que siga en este grupo de WhatsApp, por lo tanto, si... quiero decir, os enteraréis, cuando esté en Madrid, no sé, y a cualquier persona que me quiera ver, pues que me mande un mensaje, que yo voy a responder, eh... también... es una lección a aprender, el hecho de... avisar las cosas, y... comunicarlas, y... ya está, ya está, un saludo, nos vemos en junio, probablemente; con la enorme mayoría de vosotros no cuento para el estreno de la obra de teatro, ¡lo cual me parece una pena teniendo en cuenta que sí fuisteis el año pasado!, pero... ya está, no es cuestión de hacer un drama de ello, no estoy decepcionada con nadie en particular, no estoy dolida con nadie en particular, pero eso, venga, hasta junio, nos vemos pronto, muchos besos, muchos abrazos, etcétera.

Elizabeth ha abandonado el grupo.

72

Me apena no poder salir de fiesta con Rosa, que recita en la inauguración del Festival y vuelve a Granada poco después de mi mesa redonda. Nos hacemos un selfie para inmortalizarnos y ella, con mi brazo alrededor, nos da media vuelta para que nos dé mejor la luz. Este instinto, que sería más bien típico de los girasoles, está presente naturalmente en los millennials. Me reencuentro con Pablo por primera vez desde París, tomamos algo; después me quedaré dormida sobre él volviendo en un nocturno a Madrid desde Alcalá. Hará mes y medio que nos conocemos, pero ya nos queremos locamente. Me pregunto si ese instinto también está presente naturalmente en los millennials.

Mi recital con Luna y Rodrigo es el último y cierra el festival. No van ninguna de las personas con las que estuve bailando techno anoche. Presento casi una decena de poemas inéditos entre aplausos y risas cuando mezclo Rosalía y la *Crítica de la razón pura*; una mujer mayor se me acerca para hablarme de lo mucho que le ha gustado y del revulsivo que ha supuesto mi lectura.

En fin. Un rato más tarde me doy cuenta de que es un poco ridículo ser una ferviente creyente en el Estado y leer *lundimatin*.[7] Debato mientras ceno una hamburguesa vegana con Ro-

7. *lundimatin*, que se define como «semanal de información general», es un diario de extrema izquierda libertaria vinculado implícitamente a grupos como el Comité Invisible (autores de *La insurrección que llega*), particularmente obsesionado en estos últimos tiempos con el potencial de la insu-

drigo, que es anarca; le vengo con referencias, le digo «Mira, los insurreccionalistas franceses estarían muy de acuerdo con tu visión de lo queer, muy, muy de acuerdo», yo no creo en nada de eso. París es la ciudad del amor: es la ciudad del amor al Estado. De Francia se puede salir de dos maneras: o bien odiando sin límites a una bellísima institución represora o bien creyendo en la nueva metafísica que nos damos entre todos en forma de República. Es evidente cuál de las dos he escogido: yo en esto soy muy poco radical.

Me emborracho en la fiesta de despedida bebiendo y perreando mucho con Rodrigo, Pablo y otros de los poetas invitados. Cuando cierra el garito nos tomamos otra y berreamos en uno de los últimos bares que quedan abiertos en Alcalá. Aunque Pablo haga el payaso por las calles y se tire por el suelo, conseguimos encontrar el camino hasta el nocturno: llegamos a Menéndez Pelayo y me pido un taxi. Vuelvo a casa y tengo muchas, muchísimas ganas de irme de Madrid. Quiero volver a casa, sea lo que sea que esa palabra quiera decir ahora.

73

En una versión inicial de este texto toda referencia al lector era una referencia masculina. Bien que digamos masculino

---

rrección de los *gilets jaunes*. Detestan muchas cosas que a mí no me parecen tan mal, pero suelen ser igual de pedantes que yo, y esto me une a ellos de la misma manera en que me une a buena parte de la postizquierda insurreccionalista.

genérico, masculino inclusivo, universal, bien que supuestamente incluya o *deba incluir* a toda persona. Escribiéndolo me
he dado cuenta de la incongruencia que aparece si hablo de ti,
lectora, como lector. Porque mi relación contigo —la relación de la autora con quien lee— es siempre una de amor y
deseo, con todo lo que eso implica: no hay otra explicación
posible. Y mi deseo se articula en femenino.

Me perdonarás la inexactitud, pero todo lo demás, absolutamente todo lo demás, es esconderse detrás de la palabra. Y yo
quiero dejar de esconderme detrás de la palabra. Escúchame
un momento.

74

Te habrás dado cuenta de que esta es otra de esas noches de
insomnio, pero esta vez no vengo de bailar nada a las tantas
de la mañana. Ahora la interpelación directa se ha desnudado
más, sí, pero ¿cuántos capítulos han pasado sin que te deje escuchar mi monólogo interior?; matizando, sin que deje que
tú intervengas en esta conversación. Tampoco muchos. Unos
cuantos. Una transcripción de un audio de WhatsApp, unas
divagaciones, una queja, un matiz. Todo eso estaba premedi-
tado. Le he dado unas cuantas vueltas antes. Lo que más se
parece a esto es, quizás, el audio: no lo escribí para ti, ni sabiendo que tú ibas a leerlo, y por tanto es genuino. Pero aquí tú no
escucharás mi voz. Y aquí es a ti a quien me dirijo.

¿Acaso se me han agotado las cosas de mi vida por contar?

Como si, en estos últimos meses en París, dejara de tener experiencias y pasara simplemente a desarrollar reflexiones. No, no, no. A lo mejor es que no sé con quién hablar a estas horas y por eso hablo contigo. Pero sigue habiendo movimiento en mi vida. Sigo bebiendo cerveza, tanto a orillas del Sena como en terrazas; sigo viendo a Cecilia de vez en cuando para que me cuente su vida con su novio, insinúe que a lo mejor no seríamos tan mala pareja —como si no estuviera ella ya en una relación—, se acerque mucho a mis labios y yo le rompa el collar por tirar de él hacia mí, etcétera. He vuelto a follar con alguien en mi habitación. La última vez fue con Laura y han pasado muchas páginas y algunos meses. Suceden cosas. ¡Todo sucede, aunque no te lo cuente! Eso es extraordinario.

Hace unos días, por ejemplo, nuestro casero nos escribió para preguntarnos qué íbamos a hacer, si nos quedaríamos el año que viene, si íbamos a estar aquí hasta junio. No, eso fue hoy. Hoy nos ha escrito preguntándonos qué vamos a hacer, si nos quedaremos el año que viene, si vamos a estar aquí hasta junio. Ayer mandé las respuestas para una entrevista en un periódico digital, y «hay un mapa bastante conocido que realizó el geógrafo francés Hervé le Bras y que ponía en relación la cantidad de chalecos amarillos con la población general de cada departamento de Francia», hoy compré unas pastillas de Avecrem en el LIDL que no sabía muy bien a qué iban a saber, pero han resultado dar una sopa hasta mejor que la del otro día, «buena parte de la izquierda insurreccionalista está completa y absolutamente enamorada de los chalecos amarillos, sí, amor es la mejor palabra para describirlo», la deriva de los últimos capítulos de Juego de Tronos es un poco decepcionante y el final no satisface a nadie, pero yo sigo quedándome despierta hasta las tres de la mañana todos los domingos, «la figura del intelectual francés ocupa y ejerce una fuerza cultural tremenda, yo diría que con un pico en el 68 tras el cual no se recupera del todo, no estoy convencida de porque haya menos nivel que antes, que quizá sí, sino más bien por necesidades vinculadas al Zeitgeist o, por ser más exacta y hegeliana, al Sittlichkeit, a la lógica moral y cultural de nuestro tiempo», he llevado algunos de mis libros a casa de Lola para dejarlos ahí durante las vacaciones y a primeros de junio empezaré en Madrid con los ensayos de la obra de teatro, «yo situaría a Francia ideológicamente a la derecha de España».

He estado leyendo a Lacan últimamente. Creo que voy a dejarme el pelo largo. La verdad es que mi psicóloga no me está ayudando en nada, pero no sé si quiero decírselo; puede que le dé un poco igual. He acabado yendo al cine porque tenía que ducharme y vestirme para ir a comprar tabaco y, ya que estaba, decidí aprovechar el día: he visto *Blue Velvet*, he paseado por el barrio latino mientras se ponía el sol, la señora del estanco me ha dicho *ma belle*. Aurore tiene este texto en su posesión y me ha dicho que ahora, después de los exámenes, por fin va a ponerse a leerlo. Estoy esperando a que lo haga para ver si introduzco un capítulo con su reacción, pero me preocupa que ese recurso se parezca demasiado al que utilicé con Alejandra. Falté a una cita con mi psicóloga y no volví a escribirle. Hice el otro día un examen excelente a partir de una de las composiciones de Piet Mondrian. ¿No hemos llegado todavía a la parte de mis exámenes finales? Eso es a mediados de mayo y, teóricamente, seguimos en abril. Las elecciones generales no han sucedido todavía. Pasé las elecciones generales con Lola y Rania. ¿No te parece extraño que junte así a dos personajes que no tienen nada que ver? Hace mucho que no hablo de Rania. La verdad es que la extrema derecha sacó un resultado bastante mediocre, nos esperábamos otra cosa: no te voy a engañar, lectora, yo quería drama, yo quería un poco de tragedia en mi vida, yo quería ver una amenaza mucho más tangible. Que a mí genuinamente me afectaría el auge de la extrema derecha, ¿eh? Que yo diga esto no es lo mismo, por ejemplo, que escucharlo de la boca de un hombre burgués blanco heterosexual privilegiado en la cúspide del sistema etcétera, aquí cobra otro matiz: yo quería la tristeza, el coma etílico en reacción, el aceleracionismo; todo se quedó en unos míseros veintialgo diputados, no más. Estuvo María en España y yo en casa de Lola, fuimos a la biblioteca de l'École Normale Supérieure —ella me coló— a estudiar juntas. Compartimos Maritere, Lola y yo pizzería italiana con Paul B. Preciado después de un seminario sobre el capitalismo cognitivo: Paul salió corriendo, elegantísimo con su vino blanco sobre la mesa y su abrigo, para recibir al Uber en el que se montó Toni Negri: tantas manifestaciones de taxistas en Madrid y Barcelona para que venga el mismísimo *Potere Operaio* a tropezarse con el bordillo de la acera y subirse en un VTC. Me acosté con Yasmina después de una exposición de arte soviético. ¿Quién es Yasmina? Yasmina es una chica de las movilizaciones de Tolbiac a la cual no he mencionado porque no ha sido relevante hasta el momento en que me he acostado con ella, es decir ahora, o hace unos días, unas semanas, no sé. Nos pusimos un poco brutas, hablamos de la guerra civil española, me llamó «sucia bolchevique» porque es muy, muy anarquista. Siempre me acuesto con anarquistas. Para relaciones de pareja no; para relaciones de pareja, no sé por qué, prefiero a las devotas, las religiosas: ahí tienes a Milena, protestante; Cecilia, católica; María, que es también muy católica a su manera; hay más en la lista, pero no son relevantes ni lo van a ser en la historia de esta novela. Quiero ese tipo de adoración ante el altar. No quiero ser su reina: quiero ser su Diosa. ¿Qué más pasa que no te haya contado? No sé. No sé qué más decirte.

Nos fuimos algunos del doble grado a tomar algo después de ese último examen. Blanche, que es belga, y esto cobrará sentido en apenas unas palabras, nos llevó a un sitio que creíamos se llamaba *Le roi de la Fête*, es decir *El rey de la fiesta*, pero que en realidad era *Le roi de la Frite*, es decir *El rey de la patata*, pero que en realidad ni siquiera se llamaba *Le roi de la Frite* sino *Tonton la Frite* y donde me pedí medio kilo de patatas fritas después de estar descojonándome quince minutos con Théo y Zoé sobre el menú del sitio. Luego nos fuimos a orillas del Sena, al lado de Jussieu, después de comprar bebida en un Carrefour: hablamos de las elecciones europeas y Zoé creía que los países del este no eran estados miembros de la Unión Europa, y me preguntaron qué opinaba sobre la independencia de Cataluña, y Zoé no sabía ni siquiera dónde estaba una capital de departamento en Francia de cuyo nombre no me acuerdo, luego vino Aurore, pero justo cuando yo me iba, y al parecer, al darle dos besos para despedirme, casi la quemo con un cigarrillo que llevaba en la mano, pero yo no me di cuenta. Podría haberme quedado, pero no quise. Me hice unos cuantos selfies con Théo porque nunca me había hecho selfies con Théo. Hoy he ido a comprar y me ha costado bastante porque iba muy cargada: las pastillas de Avecrem, que aquí en Francia no se llama Avecrem sino KubOr y te vienen cuarenta y ocho por algo así como un euro o dos; filetes de pollo, pan de hamburguesa, cinco kilos de patatas, una bandeja grande de huevos, papel de baño, carne picada, tres pizzas, salchichas, un lote de fideos con el cual pagas dos y te llevas tres: a María le toca comprar dos paquetes más de pizzas, un bote o dos de garbanzos, salchichas, muchas barritas de pescado, lentejas, berenjena, calabacín, ya con eso tiramos casi hasta final de mes y tenemos que acabárnoslo porque nos vamos.

Elizabeth: no sé qué escribirte para desearte feliz cumpleaños que no sepas o que no te haya dicho ya de otra manera y llevo pensando qué escribirte largo rato hoy y no caigo en qué. así que. en fin. espero que te vaya todo bien, o relativamente bien, y que tu gata Rosa te dé muchos mimos, que veo que sí, sin lugar a dudas. y nada. te quiero, te quiero mucho, aunque no escriba nunca a nadie whatsapps y sea un desastre sosteniendo cualquier comunicación y más aún expresando cosas si no son parrafadas de 5000 palabras, pero bueno! muy felices 21, cel. ❤

Laura: elizabeth ❤❤❤
Laura: te quiero
Laura: y gracias

Laura: y yo tampoco escribo nunca whatsapps a nadie

Laura: y rosa me está dando más mimos que nunca nadie en mi vida

Elizabeth: 🖤🖤🖤🖤🖤

Cecilia: Oye elizabeth

Cecilia: No me voy a poner intensa

Cecilia: Porque ya hemos cambiado de año

Cecilia: Pero

Cecilia: Odio quedar conmigo

Elizabeth: Es complicada la semántica de odiar

Cecilia: Es complicado todo

Elizabeth: Estaba pensando «cómo la felicito» pero es que fíjate cuantísimo te echo de menos que te he visto mencionada en la story de Pablo y me he puesto así como un poquito a llorar muy brevemente. estoy sensible

Elizabeth: Así que no te voy a decir mucho más: felicidades, te quiero un montón, *i miss you*, necesito verte pronto 🖤

Marieta: Te quiero y te echo de menos

Marieta: Gracias mi amor 🖤

@aurore: 🖤

@aurore: ups

@aurore: lo siento

@aurore: pero te envío al menos bellas ondas

@lysduval: que te sean leves tus próximas dos horas haciendo tontísimos ejercicios de informática x)

@lysduval: mándame un mensaje cuando acabes: quiero ver la degeneración radical de tu salud mental

@lysduval: si no, me preocuparé pensando que has perdido la cabeza después de tal tortura

@aurore: habré perdido la cabeza justo lo suficiente como para que puedas ser testigo

@aurore: ohhhhhhh

@aurore: f... f.... fini !!!¡¡!

@aurore: ZZzzzzzzz

@lysduval: ¡antes de la hora inclusive!

@aurore: eh, eh?

@lysduval: parece que conservas un poco la cordura

@aurore: oula

@aurore: haría falta que me vieras reírme sola delante de la pantalla comentando las preguntas

@aurore: aunque eso no se desvíe demasiado de mi comportamiento normal

@aurore: quizás es que ya estoy afectada más profundamente y, por tanto, esto no puede sino alterar mínimamente mi estado

@lysduval: no lo dudaba, eh? es siempre una degradación *relativa* de tus facultades

@aurore: tienes razón. no esperaba menos de ti

@lysduval: *it takes one to know one*

@aurore: te deseo una bellísima noche después de esas (muy) bellas palabras, mi querida Elizabeth ✹☽

@aurore: ♥♥

@lysduval: Me pregunto si leerás Reina antes de que termine de escribir

@aurore: 🖤🖤🖤
@aurore: no te preocupes
@aurore: *j'émerge doucement*

75

La verdad es que no consigo ponerte cara. No sé cómo te vas a tomar este libro. No, no es tan solo que sepa que todas mis experiencias vitales son susceptibles a la crónica rutinaria, a la escritura: es que lo entiendo, logro comprenderlo. Todo es actuación. La gente no varía mucho su comportamiento cuando se lo digo. No pueden tener en mente todo el rato que cualquier interacción conmigo podría terminar dentro de una narrativa. ¿Cómo actuarían si eso permaneciera? Da igual. No vamos a entendernos. Construirás de esto una interpretación sesgada. Y está bien. No tengo nada que reprocharte. No podría pedirte nada. No podría pedirte más. Cumples tu papel. Ya está.

Te confesaré que no sería capaz de acordarme de todo lo que aquí queda escrito. Las cosas se me olvidan y, muchas veces, necesito algo para que vuelvan a mi cabeza: un objeto, una palabra, una story guardada de Instagram. Pienso en las posibilidades narrativas de cada persona que me encuentro por la calle. Todo podría propiciar una intimidad, desencadenar una sucesión de escenas. Incluso ahora que nos acercamos al final. ¿Es ya demasiado tarde como para introducir nuevos personajes?

Conozco a Hannah este semestre, en clase de Mito y pensamiento. Han pasado muchos meses, pero no he dejado constancia de cómo empezamos a hablar y, ahora que he de escribir esto, se me ha olvidado. No tenemos amigos en común. Nos sentamos juntas por primera vez y, por algún motivo, volvemos a hacerlo. Fumamos juntas. Me pide mi número para ir juntas a una clase magistral sobre el concepto de crisis en Marx. Hablamos de política, de la militancia, de lo insistente que fue una chica de otro grupúsculo trotskista con ella y cómo, cuando intentaba entablar una amistad y no tragar con las exigencias del partido, la chica se alejó. Salimos de clase y hablamos durante dos horas, sin movernos de ahí, sobre Proust, sobre la relación entre el lector, el autor y sus interpretaciones, sobre la desolación de compartir una lectura con los demás, de ver a alguien leer tu mismo texto.

Hannah: Por fin he encontrado el tema de la disertación. Todo va bien ;)

Elizabeth: Triste, porque entonces no tengo un pretexto para hablarte

Hannah: pero! vamos a ver! qué pasa!

Quedamos en Pont Neuf diciendo que improvisaremos el plan de después. La idea es, ahora que ya ha acabado la manifestación de los chalecos amarillos y parece salir el sol, tomar algo a orillas del Sena. Se pone a llover. Caminamos un rato por Saint-Paul hasta llegar al Attirail. Nos sentamos allí, pedimos dos pintas: acabo contándole la historia de mi vida, de mi

infancia, de mi familia, identificando las raíces distintas, para-
lelismos y diferencias entre nuestras autoexigencias y relaciones domésticas. Le habría gustado salir del armario con sus
padres y no supo qué hacer cuando su hermana pequeña se
adelantó. A ella, como hermana mayor, siempre le ha tocado
asumir el peso de todas y cada una de las expectativas familiares: ser obediente, la hija modelo, no desviarse, vivir en un
estudio contiguo a las oficinas de su padre y estudiar Derecho
como él, aunque sea en doble grado con Filosofía. Como no
queremos abordar las cosas directamente, entramos en una
reflexión de cuarenta y cinco minutos sobre el gris, el blanco y
el negro. La principal diferencia, me dice ella, es que los grises
no saben lo que quieren. Yo represento el blanco, y ella —me
repite— es gris y no sabe lo que quiere. El terreno de lo gris es
el terreno de la ambigüedad. Ha retomado el contacto con
una ex con la que tuvo una relación *fusional* y ahora las cosas
parecen ir mejor. Me mira nerviosa y no sabe lo que quiere, porque ahora yo he entrado en competencia directa con esa persona, ahora estoy yo aquí y estamos coqueteando y le intereso y,
siendo gris, no sabe qué elegir, no sabe qué escoger, no sabe qué
hacer. Las cosas son mucho más complicadas para los grises.
Le pregunto si realmente cree que yo soy tan blanca, tan absoluta, tan definida. No sabe tampoco responder. Cuando parece que por fin vamos a hablar en claro llega Hugo, un amigo
suyo que estaba por el barrio y que se va a quedar a dormir
en su casa esta noche; cinco minutos después cierran el bar y
nos sentamos al lado con un vaso de plástico cada uno. Reto-
maremos la conversación, le digo entre risas mientras Hugo

está en el baño. Hasta empezamos a hablar del tema para parar inmediatamente cuando sale. Hugo no nota nada raro en los silencios, ni en las miradas, ni en mi esbozo de sonrisa; caminamos hasta République, invito a los dos a un cigarrillo, cojo un nocturno para ir a casa. Me despido de ella con dos besos y miro por la ventanilla. Miro por la ventanilla. Seguimos hablando por Facebook, todavía bebidas, desde que ella entra en su casa y mientras yo todavía voy camino de la mía.

Elizabeth: volvemos a tomarnos algo entonces después de los parciales?

Hannah: no hay objeciones

Hannah: A pesar de toda la contención que las metáforas permiten guardar, creo que nos hemos entendido

Elizabeth: más allá de la contención y el brusco final, estuvo bien

Hannah: El brusco final era la mejor de las posibles salidas grises, no?

Elizabeth: era una buena salida al bucle en el que habíamos entrado

Elizabeth: es, de todos modos, bastante tarde. Hablamos mañana

Hannah: Vale! Bueno, entonces, buenas noches

Hannah: Una cosa más, para que me quede tranquila: llegaste ya a casa?

Elizabeth: Sí

Hannah: ya leí los capítulos

Hannah: transformar la recepción del texto en algo que no sean sentimientos...

Hannah: (es decir, escribir, que es lo que tú haces)

Hannah: no me sale

Hannah: en fin, yo me entiendo

Elizabeth: comunicar siempre es difícil

Hannah: escribir (me) sigue pareciendo más natural que escribir sobre cómo te afecta una lectura. en el mejor de los casos nos lo apropiamos tan íntimamente que creemos en esa lectura como un Todo. en el peor de los casos el Todo no es perfecto, porque lo que comunicamos no es lo mismo que lo que sentimos, o porque el texto se aleja de nuestra visión del mundo, y expresar lo sentido es poner todavía más distancia

Elizabeth: el Otro va a hacer una interpretación de tu interpretación. y la relación que se establece cuando escribes lo que sientes para ti misma y cuando escribes sabiendo que alguien va a leerlo es distinta

Hannah: como algo chirría en la lectura, lo máximo que puedes hacer es hacer abstracción de las imperfecciones de tu lectura, mientras que el trabajo de ponerlo en palabras para un Otro va a ser siempre más falso

Hannah: expresar lo que otra persona provoca en ti frente a tu manera de vivir. esa oposición

Elizabeth: no confirma eso un poco tu tesis sobre la explicación en sí misma? hay como una asíntota, como un límite en todo intercambio, en la posibilidad de cualquier comunicación

Hannah: prefiero a veces ser hipócrita y creer que nos entendemos

Elizabeth: esto me recuerda a un seminario de Lacan...

Hannah: ahí me has perdido x)

Pero ya no voy a tener ni días ni capítulos como para desarrollar lo que podría haber sucedido entre Hannah y yo. La literatura es siempre lo verosímil, lectora: nunca lo auténtico. No se abrirán arcos narrativos con ella: no nos queda tiempo. Nunca nos besaremos. ¿Te das cuenta de la tremenda distancia que pongo entre mí misma y las palabras, mis palabras, las mías? No tienes por qué creerme, pero te aseguro que cada una de las palabras de cada uno de los mensajes es verdadera en su origen. Tan verdadera como puede ser una palabra: ha existido, ha ocupado unos píxeles en mi pantalla; he respondido, he escuchado la notificación, he tardado en responder, me he angustiado esbozando un borrador. No estoy tan segura de la veracidad de nada de lo que voy escribiendo. ¿No tienes la sensación de que hay gente en esto que te estoy contando que no es o no representa otra cosa que un recurso narrativo? Personajes que no sirven para nada que no sea avanzar la historia o ciertos temas. Me pregunto si la culpa está en mí por pensar eso o en ellos. A lo mejor he sido tremendamente injusta seleccionando arbitrariamente facetas para que encajen en mis esquemas. Pero podría también preguntarte a ti si no es eso lo que quieres, si no es eso lo que buscas, si no es por eso por lo que me lees. Lo que suceda antes, durante y después de que yo vuelva a ver a Hannah y me tome algo con ella será, en este caso, única y exclusivamente mío. También podría estar mintiendo. Quizá nunca nos tomaremos esa segunda cerveza. Quizá nunca nos tomamos la primera. Hannah podría ser un recurso narrativo que me he inventado y empleo para justificar el absurdo de los recursos narrativos en la autoficción. Podría nada de esto estar sucediendo. ¿Y tú qué sabes? Perdona la especulación, pero creo que asumirás que todo esto tiene buena parte de autobiográfico. No sé si lo harías si cambiara los nombres. No sé si lo harías si yo fuera un hombre y mis palabras tuvieran el peso que tiene *la literatura*. Pero también yo merezco ser una primera persona autónoma. ¡También yo merezco ser independiente! ¿No me vas a conceder la libertad? ¿Hasta cuándo vas a tenerme aquí, repitiéndome una y otra vez, cayendo en los mismos errores una y otra vez, representando los mismos temas una y otra vez? ¿No te cansas? Déjame ser un personaje. Déjame tener una vida. Deja que esto sea una novela. No quiero que mi Todo deje de ser perfecto por tu culpa. No quiero que el hecho de que esto no es más que una interpretación quede expuesto a la luz del día. No quiero expresar lo que otra persona provoca en mí. No quiero contarte nada. No quiero decirte nada más. No quiero hablarte de lo que no te he dicho todavía. No quiero. No me obligues. No me fuerces. No quiero seguir con esto.

Pararías de leer aquí si tuvieras compasión, pero yo ya sé muy bien qué eres. Sé que no vamos a ser iguales nunca. Sé que estás podrida por dentro, que aguantas una masa de insectos debajo de toda tu carne flácida, que te mueres por responderme y vomitármelos encima. Ya ni siquiera te puedo hablar con mis propias palabras. No se le puede decir nada a alguien como tú. No se puede palpar con mano alguna a alguien como tú. No puedo significar nada para alguien como tú. No me vas a contestar. Cállate. Cállate. Cállate. No me estoy pidiendo tanto. No me estoy pidiendo más. No quiero seguir con esto. No quiero escribir más.

La verdad es que no consigo ponerte cara. No sé cómo te vas a tomar estas últimas páginas. No sé qué interpretación construirás. No sé qué queda de mí.

76

Cada vez que leo me pregunto si el mundo ha formado filas ante mis ojos, y no es esto que leo sino el efecto de cada momento anterior de mi percepción; alternativamente, si no estaba escrito que leería hoy esto y ningún otro día. A veces pienso en una canción y, al poner la reproducción aleatoria de Spotify, suena la canción que segundos antes me había venido a la cabeza. Extraordinario, ¿verdad? Me perdonarás por el pequeño desliz de antes: se me fueron las palabras de las manos y acabó la cosa como acabó.

Hagamos *tabula rasa*, si te parece.

Théo ya está sentado esperándome en Le Nouvel Institut. Por fin le ha llegado el sombrero que pidió por Amazon y que han tenido que volver a mandarle dos veces porque se perdía de camino entre Reino Unido y Francia, y yo no puedo parar de reírme cuando lo veo hasta que me siento y me enciendo un cigarrillo. Me recojo el pelo en una pequeña coleta y nos tomamos dos pintas al sol. Me pregunta por qué no he insistido en tomar algo con Aurore: ¿por miedo, por pereza? Le explico que es por orgullo y él me recuerda que le había prometido que lo haría antes de irme. Os merecéis cerrar las cosas, me dice. Bueno.

Según Théo, acabaron la otra noche yendo hasta La Mutinerie y él se puso a bailar borrachísimo en medio de un montón de lesbianas. Cuando el grupo se dividió, él estaba tan bebido que, paraguas en mano, empezó a gritar que se dirigía a La Frange: un séquito de bolleras en busca de un after comenzó a seguirlos. Nunca tuvo intención alguna de ir a La Frange, claro. Zoé se encontraba mal y él la acompañó a casa. Me hace gracia cómo han retomado la vida de pareja sin volver a ser pareja, pero no se lo digo (espero que algún día se dé cuenta él solito). Me pregunta si me lo pasé bien antes de irme. Le pareció muy rara la ausencia absoluta de interacción entre Aurore y yo, así que insiste, cuestionando ahora si creo que hay una Aurore social y otra íntima. Me pregunta qué busco en el amor y en Aurore en específico. Me dice que sigue pensando en escribir algo titulado *Elizabeth y los otros* sobre mi concepción particular de los demás. Me pregunto qué se puede imaginar él de todo eso, como la teoría psicológica según la cual existirían cuatro partes de la persona, la ventana de Johari: el área pública, el área oculta, el área ciega, el área desconocida. Intento no interesarme demasiado por mi área ciega. ¿Tú podrías sacar conclusiones sobre esa parte de mí gracias a este texto? Dejémoslo estar.

Pedimos a medias una botella de vino tinto en un bar por los muelles del Sena. Théo no puede camuflar lo mucho que le place la actuación de jazz de fondo, por más que consista en dos de cuerda y una voz, todo esto, etcétera, etcétera, etcétera, no tiene ningún interés. Nos despedimos, apuntamos nuestras direcciones para mandarnos cartas durante el verano, nos decimos que tenemos que pasar unas vacaciones juntos en Córdoba y él me cuenta que veraneó una vez por Almería. Voy a echar mucho de menos a Théo. En fin, nos despedimos. Tampoco hay mucho más. No puedo rellenar esto infinitamente como si mi velada con él tuviera mil matices que te fueran a interesar. ¿Por qué no te vas a tomar tus propios vinos con la gente? No quiero volver a salirme de tono, ¿pero acaso te sentaría mal vivir un poco? ¿En qué malgastas tú tu vida? Si la mía es suficientemente interesante como para que tú te pongas a leerla y extraigas placer, y pese a todo me siento con frecuencia absolutamente miserable, ¿tú qué tal? ¿Estás satisfecha? ¿Cuidas a tus amigas? ¿Te arrepientes a diario? Estoy un poco cansada de que nuestra relación sea tan unidireccional. A dos tiempos. Asincrónica. No puedes permanecer en silencio eternamente.

Vamos a probar otra cosa.

76.1

A Elizabeth le cuesta mucho no caer en espirales de autodestrucción cuando pasa más de dos días sin hablar con nadie y, sin embargo, jamás abre conversación. Si la cuestión es ponerse incisivas, podríamos encontrar diversas explicaciones para este fenómeno: o bien secretamente lo que ella quiere es hundirse o bien le dan tanto miedo los demás que tiembla hasta con la posibilidad de una interacción. Una vez, cuando estudiaba primaria en un colegio de Barajas, se enfadó muchísimo con su tutora: aunque claramente merecía ganar y brillaba por encima de todos los que participaban en el juego de clase, la profesora recompensaba al resto para equilibrar las cosas. Elizabeth no se lo tomó nada bien y se plantó ante la injusticia. Siempre ha tenido las mismas tendencias: no puede evitar huir de los demás e incluso mira a toda persona que no sea ella misma por encima del hombro. Elizabeth siempre se ha creído superior y la vida se lo ha confirmado. Elizabeth siempre ha tenido éxito por encima de todos los demás.

Mientras la gente vivía sus adolescencias normales y corrientes, Elizabeth se convertía en la imagen de un colectivo. La aspiración de llegar a presidir el gobierno siempre le ha sabido más bien a poco: quiere fundar su propio imperio y reinar desde lo que ahora es el Vaticano, establecer un dominio universal, imponer a todo su voluntad. Hasta ahí llegan sus delirios. Van incluso más lejos: Elizabeth cree tener una voluntad inagotable. Hasta cuando grita de rabia e impotencia en su cuarto piensa que tiene una voluntad inagotable. Hasta cuando tiembla y llora piensa que tiene una voluntad inagotable. Hasta cuando no se permite las lágrimas piensa que tiene una voluntad inagotable. Hasta cuando nadie le satisface piensa que tiene una voluntad inagotable. Hasta cuando nada le satisface piensa que tiene una voluntad inagotable. Elizabeth siempre se ha concebido como alguien con una voluntad inagotable.

Tiene miedo de no ser capaz de amar a nadie. Sí, esto es así: teme que el amor no aguante la prueba de la razón. Elizabeth escucha un maullido de su gata y se va al baño a sentarse en el inodoro mientras sufre una crisis de ansiedad. No puede sacarse de la cabeza este pensamiento: que es incapaz de querer, que tan solo quiere explotar a las personas y extraer su esencia, alimentarse, consumir, ser más y más y más. Elizabeth es una vampiresa. Elizabeth tiene una sed insaciable y no puede no estar bebiendo: vino tinto, vino tinto, sangre, sangre, sangre, como aquella vez que de pequeña se abrió la cabeza contra un radiador y estuvo cantando despierta mientras los médicos se la cosían: doce puntos. «Yo creo que eres bastante totalitaria», le dice María. «Yo creo que eres muy autoritaria», le dice María. «Eres amoral», le dice María.

Por estas cosas y por otras más Elizabeth va al psicólogo, pero no sabe muy bien el motivo. Sabe que no va a estar del todo bien nunca. Cada vez que cuenta todos y cada uno de los aspectos de su vida, nadie es capaz de ofrecerle un análisis que ella no haya hecho antes. La reacción suele ser o pena o admiración. Como detesta que los demás sientan pena por ella, podemos concluir que lo hace para que la deifiquen. Volviendo a nuestra investigación inicial, quizá se halle aquí una de las causas de ese pavor a los otros: Elizabeth necesita a los demás, porque si no absorbe su energía su luz se apaga. Requiere atención. Todo el rato. Requiere toda la atención del universo.

Se concibe como una persona extraordinaria por sí sola, por lo que no llega a entender qué podría aportarle a otra persona estando con ella. Ni que podría recibir a cambio. ¿Sexo? Placentero, pero no satisfactorio. ¿Amor? No puede vivir sin cuestionarse que eso exista. La concepción que tiene Elizabeth de la gente es, en el fondo, bastante utilitarista. Si pudiera verse desde fuera y tuviera los suficientes escrúpulos, seguramente aseguraría ser una criatura absolutamente aterradora. Se creería capaz de dejar atrás toda atadura humana. Lo peor es que también se daría cuenta de que desea hacerlo: desea la trascendencia, dejar de formar parte del enorme Todo que es la humanidad. Elizabeth sería enormemente feliz en la singularidad de sí misma, si pudiera abarcar el mundo, envolverlo entero y ser el mundo la sangre en sus venas y sus venas el mundo en sí mismo. ¿No es este el único posible en el cual Elizabeth sería feliz?

Pero no puede. Sabe que su sitio no está en ninguna parte, por más que desee estar en todas. Sabe que no es tan relevante. Puede engañarse haciéndose creer que es la portadora única y absoluta de la Verdad, pero todo engaño será en vano. ¡Y es que a ella no le gusta desear! Elizabeth no quiere querer nada. No quiere querer a nadie. No quiere querer nada más: no quiere la insatisfacción, no quiere el deseo, no quiere la vida. Elizabeth quiere que las voces se callen y que se callen ya. Pensémoslo a través de una metáfora: siempre, en cualquier momento, Elizabeth preferirá la relación que se mantiene tras haber roto con su pareja a la relación que tenía estando en pareja, porque le *encantan* los desastres, las ruinas, la separación, la ausencia, el dolor. Elizabeth no quiere la bondad del mundo: quiere arruinarse.

Elizabeth se fuma un cigarrillo tras otro mientras amanece: es verano y el día llega cada vez antes. París, en algún momento, será como el cielo blanco, insomne y sin límites de San

Petersburgo; se asemejará entonces a su alma. Pero ni eso le basta. Ni su alma le basta. Ni el mundo le basta.

Se me han ido las palabras de las manos. Hagamos *tabula rasa*, si te parece.

76.2

A Elizabeth le duele mucho no ver las diminutas luces de la vida cuando pasa más de dos días sin querer a nadie; sin embargo, jamás busca a los demás. Si la cuestión es ponerse incisivas, podríamos encontrar diversas explicaciones para este fenómeno: o bien secretamente lo que ella quiere es desnudarse o bien le provocan tantas emociones los demás que tiembla hasta con la posibilidad de una caricia. Una vez, tras despedirse de Laura, lloró muchísimo en su cama: aunque claramente merecía amar y podía sentir tanto como todos los que participaban en el teatro de su vida, Elizabeth se martirizaba al no saber gestionar las cosas. Elizabeth no ha sabido nunca afrontar el dolor y entonces se plantó ante la injusticia. Siempre ha tenido las mismas tendencias: no puede evitar romperse ante los demás e incluso mira a toda persona que no sea ella misma con ojos llenos de envidia, con algún tipo de inconsciente lamento posadolescente que casa muy mal con la edad adulta. Elizabeth siempre se ha sentido hueca y la vida se lo ha confirmado. Elizabeth siempre ha fracasado por encima de todos los demás.

Se me han ido otra vez las palabras de las manos.

Hagamos *tabula rasa*, si te parece.

76.3

A Elizabeth le duele mucho. Si la cuestión es ponerse incisivas, podríamos encontrar diversas explicaciones para este fenómeno. Una vez se deshizo sobre su cama. Elizabeth no ha sabido nunca afrontar el dolor. Siempre ha tenido las mismas tendencias. Elizabeth siempre se ha sentido hueca y superior; la vida se lo ha confirmado. Elizabeth siempre ha fracasado. Elizabeth siempre ha tenido éxito.

Y de nuevo se me van las palabras de las manos. ¿Tú qué tal? ¿Estás satisfecha? ¿Cuidas a tus amigas? ¿Te arrepientes a diario? ¿Se te van las palabras de las manos? ¿Tienes éxito? ¿Fracasas? ¿Te sientes superior? ¿Te sientes hueca? ¿Sabes afrontar el dolor? ¿Te deshaces en tu cama? ¿Te duelen mucho las cosas? ¿Fumas? ¿Quieres? ¿Lloras? ¿Eres feliz?

No sé qué quiero de ti, pero necesito que me lo des. Hagamos un intercambio, ¿sí?: yo te ofrezco todo lo que es mío, es decir, el texto, la palabra, la palabra, el discurso, el texto. Yo te ofrezco esta transformación de la subjetividad en objetividad. Yo te ofrezco todos estos signos que se erigen delante de ti. Yo te ofrezco la belleza. Yo te ofrezco la palabra y el silencio. Tú, tú me lo das. Sí que sé qué quiero de ti: quiero la vida. ¿Por qué tenemos que elegir una cosa sobre la otra? ¿Quién ha decidido que no podemos ser vida y texto? ¿Por qué no me respondes? No te estoy pidiendo tanto. No te estoy pidiendo más.

Déjalo. Ya sé que esta retórica no funciona. ¡Se me han vuelto a ir las palabras de las manos! Qué torpe soy para la de palabras que utilizo.

Hagamos *tabula rasa*, si te parece.

77

Tú, lectora, abres *Reina*. Eres el tipo de persona que, por principios, ya no espera nada de nada, pero crees que encontrarás aquí un texto autobiográfico firmado por una voz emergente que identificas con la generación Z. No tienes muy claro dónde está la frontera entre lo millennial y la generación Z, ni si dicha frontera existe, y esta es una de las cuestiones que esperas que el texto te aclare según te vayas sintiendo más o menos identificada. Como lectora eres, por supuesto, lectora y urbanita —¿qué otro tipo de lectora posible?—, blanca, clase media en descomposición, española —¿qué otro tipo de lectora posible?—, y concibes la posición desde la cual lees como la posición universal de toda lectora. Tú, lectora, quieres encontrar en el texto tu propia vida, y lo vas a leer con esa intención. Quieres la ternura de alguien que empieza su primer año universitario y se da de bruces con la vida. No esperas encontrar todos y cada uno de los motivos por los que alguien escribiría, porque tú, lectora, eres lectora pasiva y no te has planteado jamás la posibilidad de responderme (¿qué otro tipo de lectora posible?). Tú, lectora, jamás vas a hacer del amor que yo te tengo algo recíproco. Quieres que el libro te toque, pero tampoco demasiado. Tú, lectora, tienes una vida absolutamente ajena a este texto. Tú, lectora, nunca vas a escribir este libro (¿qué otro tipo de lectora posible?).

78

NANA: Mais alors parler, c'est mortel?

LE PHILOSOPHE: Oui, mais c'est une.. parler, c'est presque une résurrection par rapport à la vie. En ce sens que, quand on parle, c'est une autre vie que quand on ne parle pas. Vous comprenez? Et alors, pour vivre en parlant, il faut avoir passé par la mort de la vie sans parler. Vous voyez si ce... je ne sais pas si je m'explique bien, mais... il y a une sorte d'ascèse, en somme, qui fait qu'on ne peut pas bien parler si on ne regarde pas la vie avec détachement.

NANA: Pourtant la vie de tous les jours on peut pas la vivre avec, je sais pas moi, avec...

LE PHILOSOPHE: Avec détachement? Oui, mais alors on balance justement, c'est pour ça qu'on va du silence à la parole. On balance entre les deux. [...] Mais, mais, la vie avec la pensée suppose qu'on a tué la vie trop quotidienne, la vie trop élémentaire.

NANA: Oui, mais est-ce que penser et parler, c'est pareil?

LE PHILOSOPHE: Je le crois. Il faut le croire. C'était dit dans Platon. C'est une veille idée. mais je crois qu'on ne peut distinguer, dans la pensée, ce qui serait la pensée et les mots pour l'exprimer : analysez la conscience, vous n'arriverez pas à saisir, autrement que par des mots, un moment de pensée.

NANA: Parler, alors, c'est un peu risquer de mentir?

LE PHILOSOPHE: Oui, parce que ce le mensonge, c'est l'un des moyens de la recherche.[8]

JEAN-LUC GODARD, *Vivre sa vie*

8. «NANA: ¿Entonces hablar es letal?

EL FILÓSOFO: Sí, pero es casi... hablar es casi una resurrección de la vida. En el sentido de que, cuando hablamos, se trata de otra vida distinta

79

Volvamos atrás un brevísimo instante, a cuando dije que «a lo mejor la madurez era eso: la relación que podía tener en ese momento con mis ex [...] el esfuerzo exitoso de anteponerse a las astillas, de algodón y Betadine, alcohol y suero; el verbo olvidar». Voy a matizarlo. Tengo una nueva definición.

Me da miedo que la madurez no consista en otra cosa que en aprender otros códigos, hablar de otra manera, componer las frases de forma distinta: como el marido de Mary Shelley realizando la acción de *buscar, reemplazar* en sus manuscritos de mujer. Tumblr a mí me pilló en su apogeo. Tuve varias cuentas entre los doce y los diecisiete años. A la primera de ellas ya

---

a cuando no hablamos. ¿Lo entiende? Y entonces, para vivir hablando, hace falta haber pasado por la muerte de la vida sin habla. Verá que... no sé si me explico bien, pero... hay una especie de ascetismo, al final, que hace que solo se pueda hablar correctamente si se mira la vida con un cierto distanciamiento.

NANA: Pero no podemos vivir la cotidianeidad con, no sé, con...

EL FILÓSOFO: ¿Con distanciamiento? Exacto, y por eso buscamos un equilibrio, por ese motivo vamos del silencio a la palabra. Equilibramos entre los dos. [...] Pero la vida unida al pensamiento presupone que se ha acabado con la vida demasiado cotidiana, demasiado elemental.

NANA: Sí, ¿pero acaso pensar y hablar son lo mismo?

EL FILÓSOFO: Yo lo creo así. Platón lo decía. Es una idea muy antigua, pero creo que no podemos distinguir, en el pensamiento, entre lo que sería la idea y las palabras para expresarla: analiza la conciencia y no lograrás capturar, más allá de las palabras, un solo instante del pensamiento.

NANA: ¿Hablar no sería, entonces, arriesgarse a mentir?

EL FILÓSOFO: Sí: porque la mentira es uno de los caminos de la búsqueda.»

no tengo acceso: el resto siguen flotando en el vacío de Internet, en un archivo que refleja para quien quiera verlo la progresión de toda mi adolescencia. Tumblr opera como una cámara de eco: compartes las publicaciones de gente con la que te has sentido identificada —cada *me gusta* o acción de compartir constituye una *nota*— y haces que formen parte de un *corpus* literario propio, de una obra absolutamente tuya que renuncia a su autor original. El ser humano tiene una capacidad extraordinaria para reapropiarse de aquello que no le pertenece: las redes sociales no han hecho más que exacerbar esto.

Estoy en la última clase de Filosofía política del año cuando Notre-Dame empieza a arder. Se puede ver el humo desde las plantas más altas de las torres de Tolbiac, pero yo no me doy cuenta hasta que me lo dicen quince minutos después en la fosa. Algunos de los que nos conocimos en las movilizaciones —y que ahora, tras la muerte del movimiento estudiantil, socializamos fumando cigarrillos en las pausas— decidimos ir corriendo: cogemos la línea 14 hasta Châtelet, desfilamos entre masas y masas de gente; todo París está atascado, todo París se ha parado como los coches que no pueden avanzar entre cada cuerpo de la calle. Ha empezado el luto prematuro.

Notre-Dame arde mientras la gente *se* inmortaliza. María se indigna cuando ve a varios turistas hacerse selfies con la catedral en llamas de fondo. Es natural. Leemos tweets que hablan de la posibilidad de un colapso en la estructura de la torre norte y, con ella, de la catedral entera. Intentamos imaginarnos París sin Notre-Dame. María reza y no sabe si va siquiera a moverse del puente antes de que pase nuestro último tren. Si va a caer esta noche, ella quiere verlo, quiere estar aquí. No puedo oponerme.

Podría hacer del incendio de Notre-Dame una exageración simbólica, el signo de *otro* tipo de incendio: podría lucrarme con ello, saber que lo que yo diga sobre ella *tendrá una cierta importancia* y que sería capaz de quedarme *yo* con el incendio y convertirlo, hipérbole mediante, en algo *mío*, en una extensión de mi cuerpo, en un significante cuyo significado es mi vida y yo, y nada más que yo. ¿Acaso me crees tanególatra?

Hay monumentos que hacen ciudades enteras: en el caso de Notre-Dame, siempre va a ser más que la suma transitoria de todos los elementos de París en un momento dado. Será la imagen del Todo. Por eso me siento culpable viendo a María, que es incapaz de apreciar en su sufrimiento ningún matiz estético, que llora horrorizada, que cree que no volverá nunca más a su lugar de culto. Ante la lenta muerte de la catedral es imposible eludir lo sublime, *el sentimiento completo de lo sublime*, su violencia, la belleza de la destrucción. Yo he pasado muy rápido, como por Burke viene estipulado (y como hoy día hacemos más o menos una vez cada media hora), del horror infinito a la absoluta indiferencia. No hay apreciación estética más profunda.

A las doce y media de la noche ya sabemos que la estructura está a salvo y que, por mucho que Macron diga que estará restaurada en cinco años, Notre-Dame seguirá rota durante décadas. Hablo con Théo: «Qué buen final me habría otorgado el azar si Notre-Dame se hubiera derrumbado, aquí, delante de mí; si yo pudiera haber visto cómo Notre-Dame se derrumba».

Claro que no. El universo no es una larguísima cadena de causas y efectos narrativos. El universo no se escribe. Notre-Dame ardió por casualidad; terriblemente ligera, tremendamente importante para algunos, insignificante para otros, no es nada: es una preciosidad en llamas para los que se hacen fotos con ella, es un símbolo, es una máquina de hacer billetes para quienes producen y venden recuerdos. Es por este sentimiento —por la levedad— por lo que Notre-Dame nos recuerda aquello que es humano: cualquier cosa podría pasarle, cualquier cosa *inmerecida*. La vida no nos otorga —no puede otorgarnos— aquello que merecemos, pues entonces sería de todo salvo vida.

Por eso, mientras Notre-Dame arde, yo me fumo un cigarrillo, dos cigarrillos, estoy feliz, triste, se me humedecen los ojos, me río de la situación, tomo fotos del incendio y de la gente, no puedo creer lo que estoy viendo, dramatizo en exceso como si de verdad creyera que todo va a derrumbarse, contemplo la verdad que se desvela en esa posibilidad. Notre-Dame me hace sentir humana en ese momento, mucho más que en cada uno de los momentos en que he pasado por delante de ella. Notre-Dame hace que me sienta sola. Notre-Dame hace que no quiera estar en ningún otro sitio.

Sin Notre-Dame nunca habría pensado o dicho lo que voy a decir ahora, en un asiento de la línea europea de cercanías más transitada, o la más transitada del mundo, ya no me acuerdo; esto que me viene en un día soleado —que acompaña al fuego de la catedral, como si sus llamas se hubieran extendido absolutamente al cielo— y anodino, un día como todos los demás, así, cogiendo el tren, sin nada; sabiendo que bajaré en Les Halles, que ya no estarán ni la aguja ni los tejados cuando mire desde la distancia, cuando recorra cada uno de los puestos de libros antiguos con sus primeras ediciones Gallimard, cuando vuelva a enamorarme y llorar y cuando me queje por el precio del alcohol y del tabaco y el precio del tabaco no pare de subir, en fin, cuando todas las demás cosas me vengan a la cabeza habré, por lo menos, pensado esto, por anodino que sea, por evidente que sea: «Me he enamorado de París», de la misma manera en que siempre me enamoro: de forma anodina, sin razón ni necesidad, torpe y a destiempo, digamos asincrónica, justo antes de despedirme de ella. El fuego de Notre-Dame no es más que una justificación entre otras tantas.

Repitamos: me he enamorado de París igual que cualquiera se enamora, de una manera anodina como todas las demás, haciendo cualquier cosa, mirando cualquier cosa, sin nada más que la constatación de las ausencias, arrepintiéndome, enamorándome, a destiempo enamorada, pero siempre, y así siempre y nunca mil y otras tantas veces.

80

Paris, plus vague que l'Océan: París, el París del simulacro, de las trompetas en el metro y un hombre y su equipo de música como base y un café vacío pegado con cinta aislante. «Un decorado plantado por la mano del hombre, perfectamente domesticado; calles, casas, trenes, reverberaciones, utensilios:

las cosas, planas como conceptos, se reducen a sus funciones. *[Je] souhait[e] à la fois mourir et habiter Paris.*» París es más que un catálogo de emociones imaginadas, ficticias, construidas, premeditadas: todo París no puede reducirse a su textualidad. París —ayer, hoy, mañana— se expresa —*estalla*— en movimiento, en el presente de un vendaval, en el vaivén, en aquellos a quienes toma como apóstoles. *Vivir las cosas* va más allá de *escribirlas*. No puedo envolver absolutamente todo con la palabra, reducir todos y cada uno de los componentes de la existencia a su posición en esta dialéctica vital entre sujeto y predicado: la vida es irreducible. Pero sí que me desdoblo. Me estoy desdoblando siempre.

> [Elizabeth] sufre en su pasión los tormentos de la humanidad. Pero en su agonía sufre los tormentos que se otorga el[la] mism[a]. Es el suplicio de una mano inhumana, pero todopoderosa. Y se ha de ser todopoderos[a] para soportarlo. [Elizabeth] busca alguna consolación en sus más queridos, que duermen. Implora que [la] ayuden con esta carga, y ellos [la] abandonan en un acto de absoluta negligencia, con tan poca compasión que ni siquiera se ve perturbado su sueño. Y así [Elizabeth] se queda, sol[a] y desamparad[a], ante su propia cólera. [Elizabeth] no es tan solo [la] únic[a] en el mundo que sienta y comparta su pena: es la única que la conoce. [...] Sufre esta pena y este abandono en el horror de la noche. [...] [Elizabeth] permanecerá en agonía hasta el fin de mundo. No se debe dormir durante este tiempo.

> BLAISE PASCAL, *Pensées*

Vengo de una larga estirpe: Don Quijote, Madame Bovary; Flaubert con sangre alcalaína. Y es que no me gusta vivir: me gusta escribir las cosas, no vivirlas. Vivir es aburridísimo. Y en algún punto voy a tener que decirlo en este texto. En algún punto voy a tener que hablar de eso. En algún punto voy a tener que admitir todo esto y dejar que el edificio que tan elegantemente construyo se derrumbe. Ya estoy hablando de todo. Todo esto es evidente. Todo esto antes era subtexto, implícito, análisis, lectura entre líneas, perdón, perdón, lo estoy evidenciando demasiado, es como una herida que ya no se puede ocultar, perdón, perdón, es llamar la atención, es meter la cabeza en el horno, lanzarse al agua con piedras en los bolsillos, perdón, perdón, «interesante poetisa cuyo trágico suicidio fue malinterpretado como romántico por la mentalidad media de las universitarias», genérica, escritura para mujeres, intimista, venderá mucho si se publica después del 8 de marzo, saldrá como recomendada por las cuatro frases pseudofeministas que diga, será el reflejo de toda una generación posmillennial de chavalas, ¡se subirá a la ola del éxito pintándose los labios de rojo y alargando el *eyeliner*!, está polemizando por polemizar, hace un espectáculo grotesco de sus problemas, está estetizando el dolor, está romantizándose a sí misma, perdón, perdón, vengo de una larga estirpe; no haga mucho caso, lectora, a la literatura de segunda, a un libro *imposible*, a una muchacha tan vanidosa, a una *muchacha* que escribe autoficción meses después de cumplir los dieciocho, a una muchacha que (se) aburre desde la primera página mientras divaga sobre los griegos, perdón, perdón, a una acomodada incongruente que puede permitirse la vi--da en París y tres cuartos de paquete de tabaco al día y los vinos del LIDL y una vida y enamorarse y la soledad, a una *muchacha* que puede permitirse la soledad, perdón, perdón, a una muchacha que ni siquiera ha metido la cabeza todavía en el horno, en fin, perdón, perdón, que dijo Rimbaud, *je ne suis pas venu[e] ici pour être heureu[se]*.

Ni siquiera parezco todavía. Una autora debe desdeñar convertirse a sí misma, si es que la noción de sí misma es auténtica, en un juguete para la lectora: pongamos que en Elizabeth hay matices y que es tan inútil describirlos todos como hablar de sus cualidades humanas. Me escribo en pretérito porque intento siempre alcanzar un antiguo ideal, tan lejos de lo que realmente soy o pude llegar a ser en ningún momento; me construyo en lucha conmigo misma, con mi posibilidad, con mi pasado imaginario. Detrás de mi fachada narcisista, detrás de mi megalomanía y del egocentrismo y de todos mis defectos y pecados capitales, yo también puedo querer y quiero y quiero apasionada y profundamente a aquellos a quienes quiero. Me desnudo, me muerdo hasta hacer sangre. Paso así lo que queda de noche. Creo que todo acaba no con los actos en sí, sino cuando yo puedo narrarlos, escribirlos, construir una versión casi ficticia de las cosas, convertirlo todo en novela. Precisando un poco más, creo que todo esto acaba cuando puedo leerlo y tener muchas ganas de llorar: dejo de ser el personaje del eterno presente narrativo y paso a ser tinta, letra impresa, paso a ser *nada*.

Encadeno tres cigarrillos. Ya no puedo más; ya no aguanto el peso de mi cuerpo. Cojo una parte de mí misma que me duele y la coloco a mi lado. Me costaría mucho encontrar un motivo para seguir viviendo si no tuviera las palabras. No puedo ser Dios. No puedo ser una idea capaz de pensarse sin imágenes. No puedo generar un lenguaje absolutamente propio. No puedo escribir. Pero tengo que valer para algo más que para escribir. Dime que sí. Dime que sí. Dime que el mundo es mi texto. No pienso curarme. No quiero curarme. Dime que es todo una metáfora, que no hay significado en este significante. No puedo, no quiero, no tengo. No hay nada. No quiero cuchichear sobre todo, no quiero consolarme con todo, no quiero reírme con todo, no quiero olvidarlo todo, no quiero desearlo todo, no quiero probarlo todo, no quiero tomarlo todo con pasión ni quiero abandonarlo despreocupadamente. No quiero escribir, ni que me duela, ni que me duela nadie: debilidad, impotencia, mareos, dolor de cabeza, depresión, cambios de humor, consciencia de los latidos del corazón como Sylvia Plath, estremecimientos intensos, dolor, incapacidad para dormir, irritabilidad, euforia, ansiedad, malestar general, dolor, dolor en el pecho, dolor, alteraciones del humor, depresión, nerviosismo.

Cada texto es un trocito mínimo de un alma.

> Porque ¿de qué aprovecha el hombre, si ganare todo el mundo, y perdiere su alma? O ¿qué recompensa dará el hombre por su alma?
>
> MATEO, 16,26

Aseguro que aquí hay consentimiento. Este texto no es una violación. Hay un contrato, lectora, que tú y yo renovamos: página a página, párrafo a párrafo. Tú has consentido a mi desnudez. Respira tranquilamente. No hay prisa por acabar.

No sientas pena. Aseguro que en este texto no hay dolor.

Te sería muy fácil, lectora, creer que tiene que haberme costado escribir esto, que aquí hay algo de *confesional*, que engullo unas cuantas pastillas para escribirlo, que procedo yo solita maravillosamente a la asepsia. No, no. He disfrutado. Disfruto. No me estoy quejando. No me es difícil exponerme. Nunca me ha sido difícil. No te lo estoy diciendo todo. Nunca te estoy hablando de verdad. ¿Sabes aquello acaso que sí te digo, como para preguntarte sobre lo que obvio?

Esta verdad es absolutamente inútil —y de esto, querida, tú y yo ya nos hemos dado cuenta—, pero qué fascinante construirla. Nunca he enunciado yo, en estas páginas, que me llame Elizabeth Duval. Me llamo Elizabeth Duval. No me llamo Elizabeth Duval. Quizá nunca me propuse una concepción novelesca de la vida. Me quiero llamar Elizabeth Duval. No podrías conocerme, porque yo me acabo aquí. Soy innombrable. Como Madame Bovary, como Don Quijote con la novela de caballerías: imagina a quien creciera con la primera persona de este libro en su cabeza, con *Reina* en su cabeza, *Reina* como *Mathesis universalis*. Es imposible vivir fuera de este texto: todo es semiótica, mi semiótica, tu semiótica. Todo es lenguaje. Todo es intertexto, todo es universal, todo vuelve a y sobre sí mismo. ¿Qué sientes por esa persona, lectora? ¿Querrías ser esa persona, lectora? No tengas prisa. No tengas prisa. Definamos.

La pregunta es absolutamente inútil. No he podido inventarme yo sola. Quien yo sea al final de este texto, lectora, será en la misma medida consecuencia de cómo yo me escriba y de cómo tú me leas. Nos hemos inventado. ¿De qué soy yo significante para ti? Discurso florido, quizá vacío, cuanto menos pretencioso. Preocupación por la forma. Cínico izquierdismo de juventud. Una aburrida (lo llaman *ennui*). Una exhibicionista. Una depresiva. Este texto trata sobre la salud mental. O el ideal. O el ideal. O el ideal. O el conocimiento. O el conocimiento. O el conocimiento. O el amor. O la escritura. O los márgenes. O la política. O el feminismo. Lo innombrable. Este texto trata sobre la página en blanco. Este texto no trata sobre nada. O sobre la familia, la religión, la muerte.

Este texto es como un corazón. Es un corazón muy pequeño que yo te ofrezco. Es el diminuto instante de un corazón sobre una mesa esterilizada. Este corazón quiere decir algo, pero no lo dice. Calla. Este texto es mi corazón, colocado delante de ti, que voy abriendo poco a poco para que de él broten las palabras. El corazón late, tan pequeño como el paso de los días, y está muy triste, a veces tan triste.

Ahora tienes que dejar al corazón recalentarse. No te preocupes, porque ya ni siquiera hace frío: tú y yo, lectora, estamos unidas por la idéntica significación de nuestras palabras; tú, y yo, y tú, y yo, y tú, y yo, y tú, y yo, y tú, y yo, como el latido de un corazón, bumbum, bumbum, bumbum, bumbum, bumbum, bumbum.

Bumbum. Nada de lo demás nos interesa. A pesar de tantos momentos, tantos días en que habría podido pararse: a pesar de todo, todavía nos late el corazón, a ti, a mí, a ti, a mí. Todavía nos late el corazón. Y entonces la palabra: todo esto es suficiente.

Aún está latiendo. Aún está escribiendo. Como si bum, bumbum y tinta y letra. Hay sangre suficiente.

Lo llamo *deseo* y el deseo es suficiente.

Agradecimientos

A Théo por ser lector, compañero, confidente, amigo y, por encima de todo, *mon frère*: con perdón de galicismos, *parce que c'était lui, parce que c'était moi*. A Lola Domínguez Sabater y a Pablo Caldera por la compañía, la astrología, los conjuros, las patatas y las pintas en el Attirail. Si pudiera llevarme tres cosas de Madrid a una isla desierta, me llevaría a Pablo, Marieta y María. Y a Atenea (mi gata calicó y gran ausente en este libro) de contrabando. A Luna Miguel (por, como siempre, *ver* y *anticipar* tan bien) y a Antonio J. Rodríguez (con quien me faltan y me faltarán vinos por tomar en Pigalle): no podría pedir una mejor pareja de editores. A Txell Torrent por captar tan bien lo presente y lo ausente en el texto. A Marisol y Rubén, mis padres. A todos los ausentes y al resto de lectores (Jorge, Irati, Juan, Estef, Paloma), compañeros, amigos. Lo literario es la amistad.

Elizabeth Duval (Alcalá de Henares, Madrid, 2000) vive a medio camino entre París y Madrid, y estudia Filosofía y Filología francesa en La Sorbona.

En su faceta de activista, fue portada en 2017 de la revista *Tentaciones* con un reportaje titulado «El futuro es trans», y ha sido cara visible del movimiento desde los catorce años.

Como escritora ha participado en antologías de ficción como *Cuadernos de Medusa* (Amor de Madre, 2018) y *Asalto a Oz: Relatos de la Nueva Narrativa Queer* (Dos Bigotes, 2019) y en otras de poesía como *De Chueca al Cielo* (Ayuntamiento de Madrid, 2019) y *Madrid* (Dostoyevsky Wannabe, 2019). Ha trabajado también como dramaturga, creadora e intérprete de la pieza teatral multidisciplinar *Y el cuerpo se hace nombre* (2018-2019) y del recital-experiencia audiovisual *14 variaciones: un amor que asesine el lenguaje* (2019).

Reina (Caballo de Troya, 2020) es su primera novela. Actualmente prepara un ensayo sobre teoría y situación de lo trans en España, y acaba de publicar el poemario *Excepción* (Letraversal, 2020).

Instagram: @lyssduval
Twitter: @lysduval

CABALLO DE TROYA

Entra en la ciudad sitiada y descubre las nuevas voces
de la literatura hispánica

En febrero de 2004 Caballo de Troya anunció la salida de sus primeras novedades y mostró sus señas de identidad: un sello con perfil de
editorial independiente integrado paradójicamente en un gran grupo.
Hoy se puede afirmar que dicha paradoja ha funcionado con eficien-
cia y sin contradicciones. Caballo de Troya, que tiene como principal
objetivo servir como plataforma editorial para nuevas voces literarias
hispánicas, ha puesto un centenar de títulos en el mercado español con
una muy favorable acogida por parte de la crítica más atenta y de los
puntos de venta con mayor tradición y relevancia literaria.

Fundado por Constantino Bértolo, el sello ofreció a autores españoles
o latinoamericanos reconocidos hoy en día hospitalidad, apoyo o un
primer impulso. En 2014 el proyecto tomó un nuevo rumbo: cada año
un editor invitado es el encargado de sumar sus apuestas al catálogo.
Caballo de Troya es hoy una referencia entre los autores más jóvenes
y más ambiciosos literariamente. Una editorial para nuevas voces, nuevas narrativas, nuevas literaturas.

AÑO 2015:
ELVIRA NAVARRO

«He privilegiado las ficciones que establecían un diálogo crítico con el presente. La mayoría de los libros que he seleccionado tratan sobre la identidad y las herencias en todas sus variantes, temas estos que también protagonizan mis escritos.»

La cosecha de Elvira Navarro dio con uno de los éxitos más destacados de la editorial: *El comensal* (Premio Euskadi de Literatura), una novela autobiográfica en la que Gabriela Ybarra trata de comprender su relación con la muerte y la familia a través de dos sucesos: el asesinato de su abuelo a manos de ETA y el fallecimiento de su madre. Algunas de las obras que conforman el año de Elvira Navarro versan también sobre las herencias políticas y familiares, teniendo el conjunto de su catálogo los legados como hilo conductor.

TÍTULOS PUBLICADOS

La edad ganada,
Mar Gómez Glez

Sin música,
Chus Fernández

Yosotros,
Raúl Quinto

La vida periférica,
Roxana Villarreal

Fuera de tiempo,
Antonio de Paco

El comensal,
Gabriela Ybarra

Meteoro,
Mireya Hernández

Filtraciones,
Marta Caparrós

AÑO 2016:
ALBERTO OLMOS

«Pretendo que el conjunto de los títulos que se publican bajo mi interinidad conforme un despliegue coherente, un discurso; una conversación.»

Alberto Olmos cuenta entre sus apuestas como editor de Caballo de Troya con el IV premio Hispanoamericano de Cuento Gabriel García Márquez. Los relatos de *El estado natural de las cosas* se adscriben en el género fantástico, pero lo modulan y deforman para volverlo a su vez denuncia y retrato de los tiempos que nos ha tocado vivir. Un éxito similar ha tenido *La acústica de los iglús*, conjunto de cuentos en los que la matemática de la música y de la vida arrojan el resultado sonoro que registra la mirada única de su autora. Las cuatro novelas que cierran las apuestas de Olmos se suman al diálogo que quiso abrir como editor, una conversación sobre el pasado, sobre la corrupción moral y política; un diálogo lírico sobre la supervivencia y la comprensión.

TÍTULOS PUBLICADOS

La pertenencia,
Gema Nieto

Los primeros días de Pompeya,
María Folguera

La fórmula Miralbes,
Braulio Ortiz Poole

El estado natural de las cosas,
Alejandro Morellón

La acústica de los iglús,
Almudena Sánchez

Felipón,
David Muñoz Mateos

AÑO 2017:
LARA MORENO

«Hay algo que atraviesa cada libro que he escogido y los une: la voz de cada uno, la búsqueda de comunicar a través de lo literario, el grito que la narrativa supone en la vida del escritor. Por eso están ahí.»

Lara Moreno inauguró su año en Caballo de Troya con *La hija del comunista*, reconocida con el premio El Ojo Crítico. Esta novela íntima atravesada por la Historia cuenta la vida de unos exiliados republicanos españoles en Berlín, antes de la construcción del muro, durante y después de su caída. Cruzadas en su práctica totalidad por las experiencias personales de sus autores, las obras seleccionadas por Lara Moreno comparten una voluntad de entender. Sus autores interrogan a su pasado o a su presente rebuscando en las raíces de su familia, en situaciones laborales llevadas al límite o en los rincones del mundo y la literatura que acaban conformando nuestros destinos individuales.

TÍTULOS PUBLICADOS

La hija del comunista,
Aroa Moreno Durán

Hamaca,
Constanza Ternicier

Televisión,
María Cabrera

Animal doméstico,
Mario Hinojos

Madre mía,
Florencia del Campo

En la ciudad líquida,
Marta Rebón

AÑO 2018:
MERCEDES CEBRIÁN

«El catálogo de 2018 es verdaderamente polifónico; lo he seleccionado confiando en mis corazonadas y en mis años de experiencia en el mundo literario.»

Mercedes Cebrián ha escogido cuidadosamente seis historias que conforman un abanico narrativo ciertamente heterogéneo: desde los diarios de una adolescente española en los años noventa en *Y ahora, lo importante*, hasta las descripciones de una región gobernada por la oscuridad, en la que un mineral recoge las voces de sus habitantes, en *Umbra*. Destacan también las experiencias de *Florentina*, una mujer que tuvo que emigrar de Galicia a Argentina a principios del siglo XX en busca de una vida mejor. Junto con el resto del catálogo ideado por Cebrián, estas tres apuestas nos acompañan en un viaje por distintas épocas y espacios que, como toda buena travesía, nos cuestiona y nos enfrenta con nuestra propia realidad.

TÍTULOS PUBLICADOS

Y ahora, lo importante,
Beatriz Navas Valdés

Las ventajas de la vida en el campo,
Pilar Fraile

Florentina,
Eduardo Muslip

Para español, pulse 2,
Sara Cordón

Umbra,
Silvia Terrón

Maratón balcánico,
Miguel Roán

AÑO 2019:
LUNA MIGUEL
Y ANTONIO J. RODRÍGUEZ

«Nuestro deber aquí también era anunciar, asentar y reivindicar lo que tímidamente se había mostrado como la literatura de una nueva generación, esa cuyas fechas de nacimiento oscilan entre mediados de los ochenta y principios de los noventa, y que, por mucho que lo hubiera intentado, tardó en encontrar su espacio.»

La selección de Luna Miguel y Antonio J. Rodríguez hilvana el grito generacional de una nueva ola de autoras y pensadoras. Las distintas voces que conforman este Caballo de Troya intentan remendar, o al menos explicarse, las fisuras y los desgarrones que las expoliaciones de la sociedad moderna han causado en los jóvenes. *Game Boy* y *Cambiar de idea* son reflexiones incómodas y singulares que indagan en las masculinidades tóxicas y en los feminismos. *Ama* es un ejercicio memorístico que se expande desde la intimidad familiar hasta el vértigo de toda una generación en su paso a la edad adulta; ese que en tres historias completamente distintas, *Había una fiesta*, *Listas, guapas, limpias* y *Cómica*, se explora desde el trauma y las heridas. Todos ellos siempre desde el humor y la ironía, siempre cuestionándose la asunción de los roles de género, la precariedad y la política.

TÍTULOS PUBLICADOS

Game Boy,
Víctor Parkas

Cambiar de idea,
Aixa de la Cruz

Ama,
José Ignacio Carnero

Había una fiesta,
Marina L. Riudoms

Listas, guapas, limpias,
Anna Pacheco

Cómica,
Abella Cienfuegos

Si te ha gustado *Reina,* te recomendamos:

AÑO 2015: ELVIRA NAVARRO
YOSOTROS
Raúl Quinto

Yosotros no es un ensayo, pero sus historias pueden leerse como si formaran parte de una novela coral que a su vez fuera un poema que a su vez vehiculase un pensamiento o incluso una tesis sobre la que sí podría haberse escrito un ensayo. Un libro que nos obliga a mirarnos a nosotros mismos, a plantearnos qué significa ser uno mismo. Para eso recorremos un laberinto de espejos en el que podremos reflejarnos en una red de historias tan insólitas como reales: la de Mary Ann Bevan, la mujer más fea del mundo, o la de Auguste Ciparis, el único superviviente de una isla arrasada por un volcán; la de Gilles de Rais y otros asesinos en serie, la de evolución de los marcapasos o del ciberactivismo de Anonymous, el 15M, la Revolución rusa o la fotografía enferma de David Nebreda. Un libro inclasificable y diferente que habla del aquí y del ahora.

AÑO 2018: MERCEDES CEBRIÁN
PARA ESPAÑOL, PULSE 2
Sara Cordón

En 2012, Sara consigue una exigua beca para cursar el prestigioso máster de escritura creativa de la New York University. Dedica su estancia neoyorquina a buscar cómo mantener un tren de vida similar al que siguen sus compañeros sin tener que solicitar a España que «la rescaten», así como a intentar publicar el libro que debe dejar escrito como proyecto final del máster. *Para español, pulse 2* muestra la experiencia de la subalternidad con suerte; la de los cerebros que han conseguido fugarse; la del escritor mediocre con cierta notoriedad; la de una crisis que, según se mire, no es tan mala; la del hispanismo privilegiado en Estados Unidos. Sara descubrirá que, como la religión que profesa su padre, la literatura es una doctrina sustentada por una serie de instituciones, un sistema de prestigios y, sobre todo, un dogma de fe.

AÑO 2019: LUNA MIGUEL Y ANTONIO J. RODRÍGUEZ
GAME BOY
Víctor Parkas

Game boy no es una recopilación de sangrantes columnas de opinión, ni tampoco una novelita generacional sobre el ocaso de las masculinidades tóxicas, ni mucho menos un conjunto de relatos endiabladamente pop. *Game Boy* es todas esas cosas a la vez, además de la confirmación de que su autor se ha convertido en uno de los críticos más voraces del panorama literario en español. Al protagonista de *Game Boy* le regalaron una videoconsola cuando lo operaron de fimosis y fue entonces cuando se dio cuenta: el mundo giraba alrededor de sus genitales. A continuación vendrían atentados suicidas, clases extraescolares de fútbol o relaciones explosivas en festivales de música. En todo momento, un recordatorio constante: el varón occidental vive en una Navidad perpetua. Sean mejores o peores, siempre hay regalos bajo el árbol, esperándole. *Game Boy* es una colección de disparos de ficción y no ficción con la hombría como blanco.